Menneskehedens Allierede

◆

BOG ET

Menneskehedens Allierede

◆

BOG ET

◆

EN HASTEMEDDELELSE
Om den extraterrestriale
Tilstedeværelse
i Verden i Dag

Marshall Vian Summers

FORFATTER TIL
TRIN TIL KUNDSKAB: Bogen af Indre Viden

MENNESKEHEDENS ALLIEREDE BOG ET: En Hastemeddelelse
Om den extraterrestriale Tilstedeværelse i Verden i Dag

Redigeret af Darlene Mitchell

Bog Design af Argent Associates, Boulder, CO
Omslagskunst af Reed Novar Summers, "For mig repræsenterer omslagsbilledet os på
Jorden, med den sorte kugle, der symboliserer den fremmede tilstedeværelse i verden i dag,
og lyset bag den, der afslører denne for os usynlige tilstedeværelse, som vi ellers ikke ville
kunne se. Stjernen, der oplyser Jorden, repræsenterer Menneskehedens Allierede, der giver
os et nyt budskab og et nyt perspektiv på Jordens forhold til Det Større Fællesskab."

ISBN: 978-1-884238-45-1 MENNESKEHEDENS ALLIEREDE BOG ET: En Hastemeddelelse om
den extraterrestriale Tilstedeværelse i Verden i Dag

NKL POD Version 4.5

Library of Congress Kontrol Nummer: 2001 130786

Dette er den anden udgivelse af *The Allies of Humanity Book One*.

TITEL OPRINDELIGT UDGIVET PÅ ENGELSK

PUBLISHER'S CATALOGING-IN-PUBLICATION

Summers, Marshall.
The allies of humanity book one: an urgent message about the
extraterrestrial presence in the world today / M.V. Summers
p. cm.
978-1-884238-45-1 (English print)   001.942
978-1-942293-88-0 (Danish print)
978-1-884238-46-8 (English ebook)
978-1-942293-89-7 (Danish ebook)

QB101-700606

New Knowledge Librarys bøger er udgivet af The Society for The Greater Community Way of
Knowledge. The Society er en non-profit organisation, der er dedikeret til at præsentere
Kundskabens Større Fællesskabs Vej.

For at modtage information om The Societys lydoptagelser, uddannelsesprogrammer og tjenester,
besøg da venligst The Society på world wide web eller skriv til:

THE SOCIETY FOR THE GREATER COMMUNITY WAY OF KNOWLEDGE
P.O. Box 1724   •   Boulder, CO 80306-1724   •   (303) 938-8401
society@newmessage.org

www.alliesofhumanity.org   www.newmessage.org

Dedikeret til de store frihedsbevægelser

I vores verdens historie —

Både kendte og ukendte.

INDHOLD

Fire grundlæggende spørgsmål om den

extraterrestriale tilstedeværelse i verden i dag:

Hvad foregår der?

Hvorfor foregår det?

Hvad vil det betyde?

Hvordan kan vi ruste os?

Det er ualmindeligt nok at finde en bog, der ændrer ens liv, men meget mere usædvanligt at støde på et værk, der har potentialet til at påvirke menneskelig historie.

For næsten fyrre år siden, inden der var en miljøbevægelse, skrev en modig kvinde en yderst provokerende og kontroversiel bog, der ændrede historiens gang. Rachel Carson's *Silent Spring* affødte global opmærksomhed med hensyn til farerne ved miljøforurening og antændte en aktivistreaktion, der holder ved den dag i dag. Blandt de første til offentligt at erklære, at brugen af pesticider og kemiske gifte var en trussel imod alt liv, blev Carson i begyndelsen latterliggjort og svinet til, selv af mange af sine ligemænd, men blev ultimativt anset for at være en af det 20.ende århundredes vigtigste stemmer. *Silent Spring* anses stadigt bredt for at være miljøfortalernes hjørnesten.

I dag, inden der er udbredt offentlig opmærksomhed på en fortsat extraterrestrial indtrængen i vores midte, kommer en lignende modig mand – en tidligere skjult åndelig lærer – frem og bærer på en usædvanlig og foruroligende kommuniké fra hinsides vores planetariske sfære. Med Menneskehedens Allierede, er Marshall Vian Summers den første åndelige lærer til utvetydigt at erklære, at vores extraterrestriale ubudne "besøgendes" tilstedeværelse og hemmelige aktiviteter er en markant trussel mod menneskelig frihed.

Mens Summers, ligesom Carson, med sikkerhed vil møde bespottelse og forklejnelse, kan Summers ultimativt blive anset for at være en af verdens vigtigste stemmer indenfor emnet extraterrestrial intelligencia, menneskelig åndelighed samt bevidsthedsevolution. Ligeledes kan Menneskehedens Allierede vise sig at være centrale med hensyn til at sikre selve vores arts fremtid – ikke blot med hensyn til at vække os til en tavs fremmed invasions omfattende udfordringer, men også med hensyn til at antænde en modstands- og selvstændiggørelsesbevægelse, der er uden fortilfælde.

Skønt dette eksplosivt kontroversielle materiales oprindelse kan være problematisk for nogle, forlanger dét perspektiv, det repræsenterer, og dét uopsættelige budskab, det udtrykker, vores dybeste/alvorligste overvejelser og resolutte respons. Her er vi alt for sandsynligt konfronteret med det postulat, at den tiltagende tilsynekomst af UFO'er og andre relaterede fænomener, er et symptom på ikke mindre end en subtil og hidtil uimodgået intervention foretaget af extraterrestriale kræfter, der søger at udnytte Jordens ressourcer, helt og holdent til gavn for sig selv.

Hvordan reagerer vi passende på en så foruroligende og uhyrlig påstand? Skal vi ignorere den og ligeud forkaste den, ligesom mange af Carson bagvaskere gjorde? Eller skal vi undersøge den og forsøge at forstå, hvad det nøjagtigt er, der bliver budt os her?

Hvis vi vælger at undersøge og forstå dette, er følgende, hvad vi vil finde: En grundig vurdering af de seneste årtiers globale forskning i UFO aktivitet og andre tilsyneladende extraterrestriale fænomener (f.eks. Alien abduktion og implantationer, lemlæstelse af dyr og endda psykologisk "besættelse") føjer rigelige beviser til de Allieredes perspektiv. Faktisk tydeliggør den information, de Allieredes diskurser indeholder, på utrolig vis ting, der har undret forskere i årevis, og gør rede for megen mystisk men vedholdende bevismateriale.

Når vi først har undersøgt disse ting og blevet tilfredse med, at de Allieredes budskab ikke blot er sandsynligt, men overbevisende, hvad så? Vores overvejelser vil nødvendigvis føre til den uundgåelige konklusion, at vores forlegenhed i dag har dybe paralleller til den europæiske "civilisations" indtrængen i Amerika, der begyndte i det 15tende århundrede, da de indfødte folk ikke kunne begribe og reagere tilstrækkeligt på kompleksiteten og faren ved de kræfter, der besøgte deres kyster. De "besøgende" kom i Guds navn og fremviste imponerende teknologi og gav sig ud for at tilbyde en mere fremmelig og civiliseret levemåde. (Det er vigtigt at bemærke, at de europæiske indtrængende ikke var "ondskabens legemliggørelse" men blot opportunister, der i deres kølvand efterlod sig deres utilsigtede ødelæggelsens eftermæle.)

Her er pointen: Den radikale og omfattende krænkelse af grundlæggende friheder, som indfødte amerikanere efterfølgende oplevede – inklusiv den hurtige decimering af deres befolkning – er ikke blot en monumental menneskelig tragedie, men er også et stærkt skoleeksempel på vores nuværende situation. Denne gang er vi alle de indfødte folk af denne ene verden, og medmindre vi kollektivt kan opbyde en mere kreativ og forenet respons, kan vi lide en lignende skæbne. Det er præcist denne erkendelse, Menneskehedens Allierede fremtvinger.

Dog er denne bog en bog, der kan ændre menneskers liv, for den aktiverer et dybt indre kald, der minder os om vores formål med at være i verden i dette øjeblik i menneskets historie og får os til at stå ansigt til ansigt med intet mindre end vores egen skæbne. Her konfronteres vi med den mest ubehagelige erkendelse af alle: Selve menneskehedens fremtid kan meget vel afhænge af, hvordan vi handler på dette budskab.

Mens Menneskehedens Allierede er yderst forsigtige, anspores der ikke til frygt eller jammer og elendighed her. Derimod byder budskabet på ekstraordinært håb i det, der nu er en yderst farlig og vanskelig situation. Den indlysende hensigt er at bevare og give magt til menneskelig frihed og være katalysator for individuel og kollektiv respons på den fremmede intervention.

Meget passende har Rachel Carson selv profetisk identificeret selve det problem, der vanskeliggør vores evne til at reagere på den nuværende krise: "Vi er endnu ikke modne nok," sagde hun, "til at tænke på os selv som kun en meget lille del af et stort og utroligt univers." Vi har klart længe haft brug for en ny forståelse af os selv, af vores sted i kosmos og af livet i Det Større Fællesskab (det større fysiske og åndelige univers, som vi nu dukker op i). Heldigt for os tjener Menneskehedens Allierede som en passage til en overraskende omfattende samling af åndelige lærer og praktikker, der lover at indprente den fornødne artsmodenhed med et perspektiv, der hverken er jordbundet eller antropocentrisk, men i stedet er forankret i ældre, dybere og mere universelle traditioner.

Ultimativt udfordrer dette budskab fra Menneskehedens Allierede næsten alle vores fundamentale idéer om virkeligheden, og giver os på samme tid vores største lejlighed til at avancere, samt vores største udfordring for at overleve. Mens vores nuværende krise truer vores selvbestemmelse, som art, kan den også give et meget tiltrængt grundlag, hvorpå forening kan bringes til den menneskelige race – næsten en umulighed uden denne større sammenhæng. Med det perspektiv, der tilbydes i Menneskehedens Allierede, samt den større række af lærer, repræsenteret af Summers, bliver vi både givet det bydende nødvendige i, og inspirationen til at slutte os sammen i en dybere forståelse, for at tjene menneskehedens fortsatte evolution.

I sin rapport for Times Magazines anmeldelse af det 20.ende århundredes 100 mest indflydelsesrige stemmer, skrev Peter Matthiessen om Rachel Carson, "Inden der fandtes en miljøbevægelse, var der en modig kvinde og hendes meget modige bog."

◆

Nogle år fra nu, vil vi muligvis på lignende måde sige om Marshall Vian Summers: Inden der var en menneskelig frihedsbevægelse til at stå imod den extraterrestriale Intervention, var der en modig mand og hans meget modige budskab, Menneskehedens Allierede. Må vores respons denne gang ske raskere, mere resolut og mere forenet.

— Michael Brownlee
Journalist

NOTAT TIL LÆSER

Menneskehedens Allierede præsenteres for at forberede mennesker på en helt ny virkelighed, der i det store og hele er skjult og uerkendt i verden i dag. Den giver et nyt perspektiv, der selvstændiggør mennesker, så de kan se den største udfordring og lejlighed i øjnene, som vi, som race, nogensinde er stødt på. De Allieredes Briefinger indeholder en række kritiske, hvis ikke alarmerende, udsagn om den voksende extraterrestriale Intervention og integration ind i den menneskelige race, og om de extraterrestriales aktiviteter og skjulte dagsorden. Formålet med de Allieredes Briefinger er ikke at sørge for hårde fysiske beviser om virkeligheden af denne ET-visitation i vores verden, hvilken allerede er veldokumenteret i mange andre fine bøger og forskningsjournaler om emnet. Formålet med de Allieredes Briefinger er at adressere de dramatiske og langtrækkende implikationer af dette fænomen, at udfordre vores menneskelige tendenser og formodninger desvedrørende og varsko den menneskelige familie om den store tærskel, vi nu står ved. Briefingerne yder et glimt ind i virkeligheden af intelligent liv i universet og hvad Kontakt virkeligt vil sige. For mange vil det, der afsløres i de Allieredes Briefinger, være helt nyt. For andre vil det være en bekræftelse på ting, som de længe har mærket og vidst.

Skønt denne bog leverer et uopsætteligt budskab, handler den også om at bevæge sig i retning af en højere bevidsthed, der kaldes "Kundskab," hvilket inkluderer en større telepatisk evne blandt mennesker og mellem racer. I lyset af dette, blev de Allieredes Briefinger transmitteret til forfatteren fra en multiracial, extraterrestrial gruppe af enkeltindivider, der refererer til sig selv, som "Menneskehedens Allierede." De beskriver sig selv som fysiske væsener fra andre verdener, der har samlet sig i vores solsystem nær Jorden, med det formål at observere den kommunikation og de aktiviteter, som de fremmede racer, der er her og som blander sig i menneskelige anliggender, foretager sig. De understreger, at de selv ikke er fysisk til stede i vores verden, men yder manglende visdom, ikke teknologi eller indblanding.

De Allieredes Briefinger blev givet til forfatteren over en et-års periode. De byder på perspektiv og vision omkring et komplekst emne, der – til trods for årtier med voksende bevismateriale - fortsat undrer forskere. Og dog er dette perspektiv hverken romantisk, spekulativt eller idealistisk i sin tilgang til emnet. Tværtimod er det ligeud realistisk og kompromisløst, så kompromisløst, at det kan være ret udfordrende, selv for en læser, der er velbevandret i emnet.

Af denne grund, for at modtage det, denne bog har at byde på, må du, i det mindste midlertidigt, suspendere mange af dine overbevisninger, dine antagelser og spørgsmål, som du kan have med hensyn til den extraterrestriale Kontakt, og endda med hensyn til, hvordan denne bog blev modtaget. Indholdet i denne bog er som et budskab sendt hertil som flaskepost udefra verden.

Derfor bør vi ikke være så optaget af flasken men af selve budskabet.

For virkeligt at forstå dette udfordrende budskab, må vi konfrontere og sætte spørgsmålstegn ved mange af de fremherskende antagelser og tendenser med hensyn til Kontaktens mulighed og virkelighed. Disse inkluderer:

– fornægtelse,

– håbefuld forventning,

– misfortolkning af beviser for at bekræfte vores overbevisninger,

– ønsket og forventningen om frelse fra de "besøgende",

– troen på, at ET-teknologi vil redde os,

– følelsen af håbløshed og underdanighed overfor det, vi antager, at være en overlegen kraft,

– kravet om afsløring af regering men ikke afsløring af ET,

– fordømmelse af menneskelige ledere og institutioner, mens vi ukritisk fastholder accepten af "besøgende",

– antagelsen om, at da de ikke har angrebet eller invaderet os, må de være her for det gode,

– antagelsen om, at avanceret teknologi er ensbetydende med avanceret etik og spiritualitet,

– overbevisningen om, at dette fænomen er et mysterium, når det faktisk er en begribelig begivenhed,

– overbevisningen om, at ET'er på en eller anden måde har krav på menneskeheden og på denne planet,

– og overbevisningen om, at menneskeheden er uforbederlig og ikke selv vil kunne klare det.

De Allieredes Briefinger udfordrer disse antagelser og tendenser og sprænger mange af de myter, vi i øjeblikket har om, hvem der besøger os og hvorfor de er her.

Menneskehedens Allieredes Briefinger giver os et større perspektiv og en dybere forståelse af vores skæbne indenfor et større panorama af intelligent liv i universet. For at nå dette, taler de Allierede ikke til vores analytiske forstand, men til Kundskab, den dybere del af vores væsen, hvor sandheden, selvom den er formørket, direkte kan skelnes og opleves.

Menneskehedens Allierede Bog Et vil tage mange spørgsmål op, der vil kræve yderligere undersøgelse og kontemplation. Dens fokus er ikke at opgive navne, datoer og steder, men at give et perspektiv på ET-tilstedeværelsen i verden og på livet i universet, som vi, som mennesker, ellers ikke vil kunne have. Da vi stadigt lever isoleret på vores verdens overflade, kan vi endnu ikke se og vide, hvad der foregår, med hensyn til intelligent liv hinsides vores grænser. Til dette har vi brug for hjælp, hjælp af en meget ekstraordinær slags. I begyndelsen vil vi muligvis ikke genkende denne hjælp. Og dog er den her.

De Allieredes erklærede hensigt er at advare os om farerne ved at dukke op i et Større Fællesskab af intelligent liv, og at assistere os over denne store tærskel, på en sådan måde, at menneskelig frihed, suverænitet og selvbestemmelse kan bevares. De Allierede er her for at råde os med hensyn til menneskehedens behov for at etablere vores egne "Regler for Engagement" i denne tid, der er uden fortilfælde. Ifølge de Allierede, vil vi, hvis vi er kloge, forberedte og forenede, kunne indtage vores skæbnebestemte plads, som en moden og fri race i Det Større Fællesskab.

◆

I tiden, hvor denne serie af briefinger fandt sted, gentog de Allierede visse nøgleidéer, som de følte var vigtige for vores forståelse. Vi har bibeholdt disse gentagelser for at bevare hensigten med og integriteten i deres kommunikation. På grund af uopsætteligheden i de Allieredes budskab, og på grund af de kræfter i verden, der vil modarbejde dette budskab, er det både vist og nødvendigt med disse gentagelser.

Efter udgivelsen af Menneskehedens Allierede Bog Et i 2001, har de Allierede leveret en anden serie af Briefinger for at færdiggøre deres livsvigtige budskab til menneskeheden. Menneskehedens Allieredes Bog To, udgivet i 2005, præsenterer forbløffende ny information om interaktioner mellem racer i vores lokale univers, og om de racers natur, der blander sig i menneskelige anliggender, og deres hensigt og mest skjulte aktiviteter. Takket være de læsere, der mærkede uopsætteligheden i de Allieredes Briefinger og oversatte Briefingerne til andre sprog, er der en tiltagende global opmærksomhed omkring virkeligheden af Intervention.

Vi på New Knowledge Library anser disse to serier af Briefinger for at indeholde det, der kunne være et af de vigtigste budskaber, der kommunikeres i verden i dag. Menneskehedens Allierede er ikke blot endnu en bog, der spekulerer over UFO/ET-fænomenet. Det er et ægte forvandlende budskab, der direkte sigter efter den fremmede Interventions underliggende formål, for at rejse den bevidsthed, der er nødvendig for os, så vi kan se de udfordringer og muligheder i øjnene, der ligger forude.

—NEW KNOWLEDGE LIBRARY

Hvem er
Menneskehedens Allierede?

De Allierede tjener menneskeheden, fordi de tjener genindvindingen af Kundskab og Kundskabens udtryk overalt i Det Større Fællesskab. De repræsenter de vise i mange verdener, der bakker op om et større formål i livet. Sammen deler de en større Kundskab og Visdom, der kan overføres over mægtige afstande i rummet og over alle grænser for race, kultur, temperament og miljø.

Deres visdom er gennemtrængende. Deres kunnen er stor. Deres tilstedeværelse er skjult. De genkender jer, fordi de indser, at I er en opdukkende race, der dukker op i et meget vanskeligt og konkurrencepræget miljø i Det Større Fællesskab.

◆

STØRRE FÆLLESSKABS SPIRITUALITET
Kapitel 15: Hvem Tjener Menneskeheden?

... **F**or over tyve år siden samledes en gruppe
enkeltpersoner fra flere forskellige verdener på
et diskret sted i vores solsystem nær Jorden,
med det formål at observere den fremmede
Intervention, der foregår i vores verden. Fra
deres skjulte udsigtspunkt kunne de bestemme
disse "besøgendes" identitet, deres
organisation og deres hensigter med at besøge
vores verden, samt overvåge deres aktiviteter.

Denne gruppe af observatører kalder sig for
"Menneskehedens Allierede."

Dette er deres rapport.

Briefingerne

◆

Den Extraterrestriale Tilstedeværelse i Verden i Dag

Det er en stor ære for os at kunne præsentere denne information til alle jer, der er så heldige at høre dette budskab. Vi er Menneskehedens Allierede. Denne transmission gøres mulig ved tilstedeværelsen af De Usete, de åndelige rådgivere, der overvåger udviklingen af intelligent liv, både i jeres verden, og i hele Det Større Fællesskab af Verdener.

Vi kommunikerer ikke gennem nogen mekanisk anordning, men gennem en åndelig kanal, der er fri for interferens. Selvom vi lever i det fysiske, som I gør, er vi givet dette privilegium - at kommunikere på denne måde, for at levere den information, som vi må dele med jer.

Vi repræsenterer en lille gruppe, der observerer begivenhederne i jeres verden. Vi kommer fra Det Større Fællesskab. Vi blander os ikke i menneskelige anliggender. Vi har ikke etableret noget her. Vi er sendt med et meget specifikt formål – at bevidne de begivenheder, der finder sted i jeres verden, og givet anledningen til at gøre dette, at kommunikere til jer, hvad vi ser, og hvad vi ved. For I lever på overfladen af jeres verden og kan ikke se de ting, der foregår omkring den. I kan heller ikke klart se den visitation, der foregår i jeres verden, eller hvad den varsler om for jeres fremtid.

Vi vil gerne give vidneudsagn til dette. Det gør vi på anmodning af De Usete, for vi er sendt med dette formål. Den information, vi er ved at meddele jer, kan forekomme at være meget udfordrende og alarmerende. Den vil måske ikke være ventet af mange, der hører dette budskab. Vi forstår denne vanskelighed, for vi har selv måttet se dette i øjnene indenfor vore egne kulturer.

Når du hører denne information, kan den først være svær at acceptere, men den er livsvigtig for alle, der vil søge at yde et bidrag i verden.

Vi har i mange år observeret jeres verdens anliggender. Vi søger ingen forhold til menneskeheden. Vi er ikke her på en diplomatisk mission. Vi er sendt af De Usete til at opholde os i nærheden af jeres verden, for at observere de begivenheder, vi er ved at beskrive.

Vores navne er ikke vigtige. De vil ingen mening give jer. Og for vor sikkerheds skyld, vil vi ikke meddele dem, for vi må forblive skjulte, så vi kan tjene.

Som begyndelse er det nødvendigt for mennesker overalt at forstå, at menneskeheden dukker op i et Større Fællesskab af intelligent liv. Jeres verden bliver "besøgt" af adskillige fremmede racer og af adskillige forskellige organisationer af racer. Dette har aktivt stået på i nogen tid. Der har været visitationer op gennem hele menneskehedens historie, men intet i denne størrelsesorden. Fremkomsten af atomvåben og ødelæggelsen af jeres naturlige verden, har bragt disse kræfter til jeres kyster.

Vi forstår, at der er mange mennesker i verden i dag, der er begyndt at erkende, at dette foregår. Og vi forstår også, at der er mange fortolkninger af denne visitation – hvad den kunne betyde, og hvad den kunne byde på. Og mange af de mennesker, der kender til disse ting, er meget håbefulde og forventer en stor fordel for menneskeheden. Vi forstår dette. Det er naturligt at forvente. Det er naturligt at være håbefuld.

Visitationen i jeres verden er nu meget omfattende, så omfattende, at folk i alle dele af verden er vidner til den og oplever dens virkning direkte. Det er ikke for at fremme menneskehedens avancement eller menneskehedens åndelige uddannelse, at disse "besøgende" fra Det Større Fællesskab, disse forskellige organisationer af væsner, er kommet hertil. Det, der har bragt disse kræfter til jeres kyster i så stort tal, med så stor intention, er jeres verdens ressourcer.

Vi forstår at dette i begyndelsen kan være svært at acceptere, for I kan endnu ikke påskønne, hvor smuk jeres verden er, hvor meget den besidder, og hvilken sjælden juvel, den er i et Større Fællesskab af golde verdener og tomt rum. Verdener, som jeres, er sandelig sjældne. De fleste steder i Det Større Fællesskab, der nu er beboede, er koloniserede, og teknologi har gjort det muligt. Men verdener, som jeres, hvor livet naturligt har udviklet sig, uden teknologiens hjælp, er langt mere sjældne, end I måske aner. Naturligvis lægger andre meget mærke til dette, for jeres verdens biologiske ressourcer har været brugt af mange racer i årtusinder. Nogle betragter den som et depot. Og dog er det udviklingen af menneskelig kultur og farlige våben og nedbrydningen af disse ressourcer, der har forårsaget denne fremmede Intervention.

Måske undrer du dig over, hvorfor diplomatiske bestræbelser ikke er gjort for at kontakte menneskehedens ledere. Det er rimeligt at spørge om, men vanskeligheden her er, at der ingen er til at repræsentere menneskeheden, for jeres folk er splittede, og jeres nationer går imod hinanden. De besøgende, vi taler om, antager også, at I er krigeriske og aggressive, og at I ville gøre skade og bringe fjendtlighed til universet omkring jer, på trods af jeres gode kvaliteter.

Derfor vil vi gerne i vor diskurs give jer en idé om, hvad der foregår, hvad det vil betyde for menneskeheden, og hvordan dette er forbundet med jeres åndelige udvikling, jeres sociale udvikling og jeres fremtid i verden og i selve Det Større Fællesskab af Verdener.

Folk er uvidende om tilstedeværelsen af fremmede kræfter, uvidende om tilstedeværelsen af ressourcesøgere, uvidende om de kræfter, der vil søge en alliance med menneskeheden til gavn for sig selv. Måske skulle vi her begynde med at give jer en idé om, hvordan livet er udenfor jeres kyster, for I har endnu ikke rejst langt og kan ikke selv gøre rede for disse ting.

I lever i en del af galaksen, der er ret befolket. Ikke alle dele af galaksen er ligeså befolket. Der er store uudforskede regioner. Der er mange skjulte racer. Det er kun i visse områder at handel og kommers foregår. Det miljø, I vil dukke op i, er et meget konkurrencepræget et. Behovet for ressourcer opleves overalt, og mange teknologiske samfund har rippet deres verden for naturlige ressourcer og må handle, bytte og rejse, for at få det, de har brug for. Det er en meget kompliceret situation. Mange alliancer formes og konflikter opstår.

Det er måske nødvendigt på dette tidspunkt at erkende, at Det Større Fællesskab, som I dukker op i, er et vanskeligt miljø og et udfordrende et, og dog bringer det store muligheder med sig for menneskeheden. Men for at erkende disse muligheder, må menneskeheden forberede sig og komme til at lære, hvordan livet er i universet. Og den må komme til at forstå, hvad åndelighed betyder indenfor et Større Fællesskab af intelligent liv.

Fra vores egen fortid forstår vi, at dette er den største tærskel, som nogen verden nogensinde vil se i øjnene. Men det er imidlertid ikke en tærskel, I kan planlægge for jer selv. Det er ikke noget, I kan designe for jeres egen fremtid. For selve de kræfter, der ville bringe Større Fællesskabsvirkelighed hertil, er allerede tilstede i verden. Omstændigheder har bragt dem her. De er her.

Måske giver dette jer en idé om, hvordan livet er hinsides jeres grænser. Vi vil ikke gerne skabe en skræmmende idé, men det er nødvendigt for jeres eget velbefindende og for jeres fremtid, at I får en ærlig vurdering og selv kan komme til at se disse ting tydeligt.

Vi føler at behovet for at forberede sig på livet i Det Større Fællesskab er det største behov, der er i jeres verden i dag. Og dog er folk, set fra vor observation, optagede af deres egne anliggender og af deres egne problemer i deres dagligdag, og er uvidende om de større kræfter, der vil ændre deres skæbne og påvirke deres fremtid.

De kræfter og de grupper, der er her i dag, repræsenterer mange forskellige alliancer. Disse forskellige alliancer er ikke forenede med hinanden i deres bestræbelser. Hver alliance repræsenterer mange forskellige raciale grupper, der arbejder sammen med det formål at få adgang til jeres verdens ressourcer og beholde denne adgang. Disse forskellige alliancer konkurrerer i det væsentlige med hinanden, skønt de ikke er i krig med hinanden. De ser jeres verden som en stor gevinst, noget, de gerne vil have for sig selv.

Dette skaber en meget stor udfordring for jer, for de kræfter, der besøger jer, har ikke blot avanceret teknologi, men også et stærkt socialt sammenhold og kan påvirke tanke i det Mentale Miljø. Ser du, i Det Større Fællesskab erhverves teknologi nemt, så den store fordel mellem konkurrerende kræfter er evnen til at påvirke tanke. Dette har ført til meget sofistikerede demonstrationer. Det repræsenterer en række færdigheder, som menneskeheden kun lige er begyndt at opdage.

Som resultat kommer jeres besøgende ikke bevæbnede med stærke våben eller med hære eller med armadaer af fartøjer. De kommer i forholdsvist små grupper, men besidder betydelige evner med henblik på at påvirke mennesker. Dette repræsenterer en mere sofistikeret og moden anvendelse af magt i Det Større Fællesskab. Det er denne evne, som menneskeheden må dyrke i fremtiden, hvis det skal lykkes den at kappes med andre racer.

De besøgende er her for at få menneskehedens loyalitet. De vil ikke ødelægge menneskelige virksomheder eller den menneskelige tilstedeværelse. I stedet vil de bruge dem til gavn for dem selv. Deres hensigt er ansættelse, ikke ødelæggelse. De føler sig i deres ret, for de mener, at de redder verden. Nogle mener endda, at de redder menneskeheden fra sig selv. Men dette perspektiv tjener ikke jeres større interesser og nærer heller ikke visdom eller selvbestemmelse i den menneskelige familie.

Men, da der er kræfter for det gode i Det Større Fællesskab af Verdener, har I allierede. Vi repræsenterer jeres allieredes stemme, Menneskehedens Allierede. Vi er her ikke for at bruge jeres ressourcer eller tage det fra jer, der er jeres. Vi søger ikke at etablere menneskeheden som en klientstat eller som en koloni til eget brug. I stedet vil vi gerne nære styrke og visdom i menneskeheden, for dette støtter vi i hele Det Større Fællesskab.

Derfor er vores rolle ret essentiel, og der er meget brug for vor information, for på dette tidspunkt er selv mennesker, der er bevidste om de besøgendes tilstedeværelse, ikke bevidste om deres hensigter. Folk forstår ikke de besøgendes metoder. Og de begriber ikke deres etik eller moral. Folk tror, at de besøgende enten er engle eller monstre. Men i virkeligheden er de meget ligesom jer i deres behov. Hvis I kunne se verden gennem deres øjne, ville I forstå deres bevidsthed og det, der driver dem. Men for at gøre dette, vil I være nødt til at vove jer udover jeres eget.

De besøgende er engagerede i fire tilgrundliggende aktiviteter for at få indflydelse i jeres verden. Hver af disse aktiviteter er unikke, men samkøres. De foregår, fordi menneskeheden er blevet studeret længe. Menneskelig tanke, menneskelig opførsel, menneskelig fysiologi og menneskelig religion er blevet studeret gennem nogen tid. De er velforståede af jeres besøgende og vil blive brugt med deres egne hensigter for øje.

De besøgendes første aktivitetsområde er at påvirke enkeltmennesker, der sidder i magt og autoritetsstillinger. Da de besøgende ikke vil ødelægge noget i verden eller skade verdens ressourcer, søger de at opnå indflydelse over de mennesker, de føler, sidder i magtstillinger, først og fremmest indenfor regering og religion. De søger kontakt, men kun med visse enkeltpersoner. De har magten til at få denne kontakt, og de har overtalelsesmagten. Ikke alle de mennesker, de kontakter, vil blive overtalt, men mange vil. Løftet om større magt, bedre teknologi og verdensherredømme vil anspore og opildne mange. Og det er disse enkeltpersoner, med hvem de besøgende vil søge at etablere en forbindelse.

Der er meget få mennesker i verdens regeringer, der bliver således påvirket, men deres antal vokser. De besøgende forstår magthierarkiet, for de lever selv efter det og følger deres egen kommandokæde, kunne man sige. De er meget velorganiserede og meget fokuserede i deres bestræbelser, og tanken om at have kulturer fulde af frit tænkende individer er stort set fremmed for dem. De begriber eller forstår ikke personlig frihed. De er ligesom mange teknologisk avancerede samfund i Det Større Fællesskab, der både fungerer i deres respektive verdener, og i deres virksomheder, der strækker sig over enorme afstande i rummet, som benytter sig af en meget veletableret og stiv styreform og organisering. De mener, at menneskeheden er kaotisk og uregerlig, og de føler, at de bringer orden til en situation, som de ikke selv kan begribe. Personlig frihed er ukendt for dem, og de ser ikke dens værdi. Som et resultat, vil det, de søger at etablere i verden, ikke ære denne frihed.

Derfor er det første, de bestræber sig på, at etablere en forbindelse med enkeltpersoner i magt og indflydelsesstillinger, at få deres troskab og overbevise dem om de fordelagtige aspekter af forhold og fælles formål.

Det andet aktivitetsområde, der måske er det vanskeligste at tænke på set fra jeres perspektiv, er manipulationen af religiøse værdier og tilskyndelser. De besøgende forstår, at menneskehedens største evne samtidigt repræsenterer dens største sårbarhed. Folks længsel efter personlig forløsning repræsenterer en af de største aktiver, den menneskelige familie har at byde på, selv i Det Større Fællesskab. Men det er også jeres svaghed. Og det er disse tilskyndelser og disse værdier, der vil blive brugt.

Mange af de besøgendes grupper vil gerne etablere sig som åndelige repræsentanter, fordi de ved, hvordan man taler i det Mentale Miljø. De kan kommunikere direkte til mennesker og, desværre, fordi der er så få mennesker i verden, der kan skelne mellem en åndelig stemme og de besøgendes stemme, bliver situationen meget vanskelig.

Derfor er det andet aktivitetsområde, at få folks loyalitet gennem deres religiøse og åndelige drivkræfter. Det kan faktisk gøres ret nemt, fordi menneskeheden endnu ikke er stærk eller udviklet i det Mentale Miljø. Det er vanskeligt for folk at skelne, hvor disse impulser kommer fra. Mange mennesker vil gerne give sig selv til, hvad som helst, de tror, har en større stemme og en større magt. Jeres besøgende kan projicere billeder – billeder af jeres helgener, af jeres lærere, af engle – billeder, der holdes kære og hellige i jeres verden. De har dyrket denne evne gennem mange, mange århundreders forsøg på at påvirke hinanden og ved at lære de overtalelsesmetoder, der praktiseres mange steder i Det Større Fællesskab. De anser jer for at være primitive, og således føler de, at de kan udøve denne indflydelse og anvende disse metoder på jer.

Her vil der gøres et forsøg på at kontakte de personer, der anses for at være sensitive, modtagelige og naturligt givet til at være samarbejdsvillige. Mange vil blive udsøgt, men kun få vil blive udvalgt på baggrund af disse særlige egenskaber. Jeres besøgende vil søge at få loyalitet fra disse mennesker, at få deres tillid og deres hengivenhed, idet de fortæller modtagerne, at de er her for at opløfte menneskeheden åndeligt, for at give menneskeheden nyt håb, nye velsignelser og ny magt – lover det, folk så inderligt ønsker, men endnu ikke selv har fundet. Måske undrer du dig og spørger, "Hvordan kan sådan noget ske?" Men vi kan forsikre dig om, at det ikke er vanskeligt, når man først en gang har lært disse færdigheder og evner.

Her bestræber man sig på at pacificere og genuddanne folk gennem åndelig overtalelse. Dette "Pacificeringsprogram" anvendes forskelligt på forskellige religiøse grupper, afhængigt af deres idealer og deres temperament. Det rettes altid imod modtagelige personer. Her håbes der på, at folk vil miste deres skelneevne og få fuldkommen tillid til de større kræfter, de føler, der gives dem af de besøgende. Når denne tillid én gang er etableret, bliver det vanskeligere og vanskeligere for folk at skelne, hvad de ved indefra, fra hvad der bliver dem fortalt. Det er en meget subtil form for overtalelse og manipulation, men den har meget gennemslagskraft. Vi vil tale mere om dette, idet vi fortsætter.

Lad os nu nævne det tredje aktivitetsområde, der handler om at etablere de besøgendes tilstedeværelse i verden og vænne folk til denne tilstedeværelse. De vil have menneskeheden til at tilpasse sig den meget store forandring, der foregår i jeres midte – at vænne jer til de besøgendes fysiske tilstedeværelse og til deres påvirkning på jeres eget Mentale Miljø. Til dette formål vil de bygge anlæg her, dog udenfor synsvidde. Disse anlæg vil være skjulte, men de vil kaste en stærk indflydelse på den menneskelige befolkning, der befinder sig i deres nærhed. De besøgende vil være meget omhyggelige med at sikre, at disse anlæg er effektive og at tilstrækkeligt mange mennesker har loyalitet til dem. Det er disse mennesker, der vil vogte og beholde de besøgendes tilstedeværelse.

Det er netop, hvad der foregår i jeres verden på dette tidspunkt. Det repræsenterer en stor udfordring og desværre en stor risiko. Det selvsamme, vi beskriver, er foregået så mange gange, så mange steder i Det Større Fællesskab. Og fremkommende racer, som jeres, er altid de mest sårbare. Nogle fremkommende racer er i stand til at etablere deres egen bevidsthed, egen evne og eget samarbejde, så vidt, at de kan opveje udefrakommende påvirkninger, som disse, og etablere en tilstedeværelse og en position i Det Større Fællesskab. Men mange racer, der endnu ikke selv har opnået denne frihed, falder under fremmede kræfters kontrol og indflydelse.

Vi forstår, at disse oplysninger kan anspore til megen frygt og måske fornægtelse eller forvirring. Men, som vi observerer hændelser, erkender vi, at der er meget få mennesker, der kender til situationen, som den faktisk foreligger. Selv de mennesker, der er ved at være opmærksomme på tilstedeværelsen af fremmede kræfter, befinder sig ikke i en position og har ikke et udsigtspunkt, hvorfra de kan se situationen klart. Og evigt håbefulde og optimistiske, søger de at give dette store fænomen så megen positiv mening, som de kan.

Det Større Fællesskab er imidlertid et konkurrencepræget miljø, et vanskeligt miljø. De væsner, der engagerer sig i rumfart, repræsenterer ikke de åndeligt avancerede, for de, der er åndeligt avancerede, søger at isolere sig fra Det Større Fællesskab. De søger ikke kommers. De søger ikke at påvirke andre racer eller at engagere sig i den meget komplekse række af forhold, der er etableret for gensidig handel og nytte. De åndeligt avancerede søger i stedet at forblive skjulte. Det er måske en meget anden forståelse, men den er nødvendig, så I kan komme til at forstå den store forlegenhed menneskeheden står i. Dog rummer denne forlegenhed store muligheder. Dem vil vi gerne tale om nu.

På trods af den alvorlige situation, som vi beskriver, føler vi ikke, at disse forhold er en tragedie for menneskeheden. Faktisk føler vi, at hvis disse omstændigheder kan anerkendes og forstås, og hvis den forberedelse på Det Større Fællesskab, der nu er i verden, kan benyttes, studeres og gøres gældende, vil folk overalt af god samvittighed have evnen til at lære Større Fællesskabs Kundskab og Visdom. Således vil folk overalt kunne finde et grundlag for samarbejde, så den menneskelige familie endeligt kan etablere det sammenhold, der aldrig er blevet etableret her før. At forene menneskeheden vil kræve, at Det Større Fællesskab overskygger. Og denne overskygning finder sted nu.

Det er jeres evolution at dukke op i et Større Fællesskab af intelligent liv. Det vil ske, uanset om I er forberedte eller ej. Det må ske. Således bliver forberedelse nøglen. Forståelse og klarhed - det er disse ting, der mangler og er brug for i jeres verden på dette tidspunkt.

Folk overalt har store åndelige gaver, der kan gøre dem i stand til at se og at vide klart. Disse gaver er der nu brug for. De må anerkendes, bruges og deles frit. Det er ikke bare op til en stor lærer eller en stor helgen i jeres verden at gøre dette. Det må dyrkes af mange flere mennesker nu. For situationen fører nødvendighed med sig, og hvis nødvendighed kan favnes, bringer den store muligheder med sig.

Behovet for at lære om Det Større Fællesskab og at begynde at opleve Større Fællesskabs Spiritualitet er imidlertid enormt. Aldrig før har mennesker måttet lære den slags på så kort tid. Faktisk er det sjældent lært nogensinde af nogen i jeres verden. Men nu har behovet ændret sig. Omstændighederne er anderledes. Nu er der nye påvirkninger i jeres midte, påvirkninger, som I kan mærke og som I kan kende.

De besøgende søger at gøre folk ude af stand til at have dette syn og denne Kundskab i sig selv, for de har den ikke i sig. De ser ikke dens værdi. De forstår ikke dens virkelighed. I dette er menneskeheden som helhed mere avanceret end de er. Men dette er kun et potentiale, et potentiale, som nu må dyrkes.

Den fremmede tilstedeværelse i verden vokser. Den vokser dag for dag, år for år. Mange flere mennesker falder under dens overtalelse og mister deres evne til at vide, bliver forvirrede og distraherede og tror på ting, der kun kan svække dem og gøre dem magtesløse i lyset af de væsner, der vil søge at bruge dem med deres egne formål for øje.

Menneskeheden er en opdukkende race. Den er sårbar. Den står nu overfor en række forhold og påvirkninger, den aldrig har stået overfor før. I har kun udviklet jer til at konkurrere med hinanden. I har aldrig måttet konkurrere med andre former for intelligent liv. Alligevel er det denne konkurrence, der vil styrke jer og kalde jeres største egenskaber frem, hvis situationen kan ses og forstås tydeligt.

Det er De Usetes rolle at nære denne styrke. De Usete, som I med rette kunne kalde engle, taler ikke kun til det menneskelige hjerte, men til hjerter overalt, som kan lytte, og som har opnået friheden til at lytte.

Så vi kommer med et vanskeligt budskab, men et budskab med løfte og håb. Måske er det ikke det budskab, folk gerne vil høre. Det er afgjort ikke det budskab, de besøgende vil fremme. Det er et budskab, der kan deles fra person til person, og det vil blive delt, for det er naturligt at gøre. Dog vil de besøgende og de mennesker, der er kommet under deres overtalelse, modsætte sig denne opfattelse. De ønsker ikke at se en uafhængig menneskehed. Det er ikke deres formål. De tror ikke en gang at det ville være gavnligt. Derfor er det vort oprigtige ønske, at disse idéer overvejes, uden bæven, men med et alvorligt sind og en dyb bekymring, der er velbegrundet her.

Vi forstår, at der er mange mennesker i verden i dag, der føler, at en stor forandring kommer til menneskeheden. De Usete har fortalt os disse ting. Der tilskrives mange grunde til denne følelse af forandring. Og mange udfald forudsiges. Men, medmindre I kan begynde at forstå den virkelighed, at menneskeheden er ved at dukke op i et Større Fællesskab af intelligent liv, har I ikke den rette sammenhæng til at forstå menneskehedens skæbne eller den store forandring, der foregår i verden.

Fra vort perspektiv, er folk født ind i deres tid, for at være i denne tids tjeneste. Det er en lære i Større Fællesskabs Spiritualitet, en lære, som vi også er elever af. Den instruerer i frihed og magten af fælles formål. Den giver myndighed til den enkelte og til den, der kan deltage sammen med andre – idéer, der sjældent accepteres eller optages i Det Større Fællesskab. For Det Større Fællesskab er ikke en himmelsk tilstand. Det er en fysisk virkelighed med overlevelsens rigor og alt, hvad det indebærer. Alle væsener i denne virkelighed må kæmpe med disse behov og med disse problemer. Og i dette, er jeres besøgende mere som I, end I aner. De er ikke ubegribelige. De ville gerne være ubegribelige, men de kan forstås. I har magten til at forstå dem, men I må se med klare øjne. I må se med et større syn og vide med en større intelligens, som I har muligheden for at dyrke i jer selv.

Nu er det nødvendigt for os at tale mere om det andet indflydelses- og overtalelsesområde, for det har stor betydning, og det er vort oprigtige ønske, at I vil forstå disse ting og selv overveje dem.

Mere end regeringer, mere end nogen anden institution, har verdens religioner nøglen til menneskers hengivenhed og menneskers loyalitet. Dette taler godt for menneskeheden, for religioner, som disse, er ofte svære at finde i Det Større Fællesskab. Jeres verden er rig i denne henseende, men jeres styrke er også, hvor I er svage og sårbare. Mange mennesker vil gerne ledes og udpeges guddommeligt og overgive deres eget livs tøjler og have en større åndelig magt til at lede sig, råde sig og bevare sig. Dette er et ægte ønske, men indenfor en Større Fællesskabssammenhæng, må betragtelig visdom udvises for at få dette ønske opfyldt. For os er det meget trist at se, hvordan folk så let vil give deres autoritet væk – noget de aldrig helt selv har haft, vil de villigt give væk til nogen, der er ukendte for dem.

Dette budskab er bestemt til at nå folk, der har en større spirituel affinitet. Derfor er det nødvendigt for os at uddybe dette emne. Vi går ind for en spiritualitet, der undervises i i Det Større Fællesskab, som ikke er en spiritualitet, der er styret af nationer, af regeringer eller af politiske alliancer, men en naturlig spiritualitet – evnen til at vide, til at se og til at handle. Og dog lægger jeres besøgende ikke vægten her. De søger at få folk til at tro, at de besøgende er deres familie, at de besøgende er deres hjem, at de besøgende er deres brødre og søstre, deres mødre og fædre. Mange mennesker vil gerne tro, og så tror de. Folk vil gerne overgive deres personlige autoritet, og så overgiver de den. Folk vil gerne se venner og frelse i de besøgende, så dette er, hvad der bliver vist dem.

Det vil kræve stor nøgternhed og objektivitet at se igennem disse bedrag og disse vanskeligheder. Det vil være nødvendigt for folk at gøre, hvis det skal lykkes menneskeheden at komme ind i Det Større Fællesskab og bevare sin frihed og sin selvbestemmelse i et miljø med større påvirkninger og større kræfter. I dette kunne jeres verden overtages, uden at affyre et eneste skud, for vold anses for at være primitivt og groft og benyttes sjældent i sager, som denne.

Måske kan du spørge, "Betyder dette, at vores verden er invaderet?" Til dette må vi sige, at svaret er ja, en invasion af den mest subtile slags. Hvis du kan opretholde disse tanker og overveje dem alvorligt, vil du kunne se disse ting selv. Beviset på denne invasion er overalt. Du kan se, hvordan menneskers evner tilsidesættes for ønsket om lykke, fred og sikkerhed, hvordan folks vision og evne til at vide er hæmmede af påvirkninger, selv indenfor deres egne kulturer. Hvor meget større vil disse påvirkninger ikke være i et Større Fællesskabsmiljø.

Dette er et vanskeligt budskab, vi må præsentere. Dette er det budskab, der må siges, den sandhed, der må udtrykkes, den sandhed, der er livsnødvendig og ikke kan vente. Nu er det nødvendigt for folk at lære en større Kundskab, en større Visdom og en større Spiritualitet at kende, så de kan finde deres sande evner og bruge dem effektivt.

Jeres frihed står på spil. Jeres verdens fremtid står på spil. Det er af denne grund, at vi er sendt hertil, for at tale for Menneskehedens Allierede. Der er dem i universet, der holder Kundskab og Visdom i live, og som praktiserer en Større Fællesskabs Spiritualitet. De rejser ikke rundt overalt og kaster indflydelse på forskellige verdener. De tager ikke mennesker imod deres vilje. De stjæler ikke jeres dyr og jeres planter. De kaster ikke en indflydelse på jeres regeringer. De søger ikke genetisk at krydse sig med menneskeheden for at skabe en ny ledelse her. Jeres allierede søger ikke at blande sig i menneskelige anliggender. De søger ikke at manipulere med menneskers skæbne. De ser på langvejsfra og de sender udsendinge, som os selv, med stor risiko for os, for at give råd og opmuntring, og for at afklare ting, når det bliver nødvendigt. Vi kommer derfor med fred, med et livsvigtigt budskab.

Nu må vi tale om det fjerde område, i hvilket jeres besøgende søger at etablere sig, hvilket er gennem genetisk krydsning. De kan ikke leve i jeres miljø. De har brug for jeres fysiske stamina. De har brug for jeres naturlige affinitet med verden. De har brug for jeres reproduktive evner. De vil også gerne binde sig til jer, fordi de forstår, at dette skaber loyalitet. På en måde etablerer det deres tilstedeværelse her, for afkommet af dette program vil have blodrelationer i verden og dog være tro overfor de besøgende. Dette forekommer måske at være utroligt, men er dog så virkeligt.

De besøgende er her ikke for at tage jeres reproduktive evner fra jer. De er her for at etablere sig selv. De vil have menneskeheden til at tro på sig og tjene sig. De vil have menneskeheden til at arbejde for sig. De vil love alt, tilbyde alt og gøre alt, for at nå dette mål. Dog, skønt deres overtalelse er stor, er deres antal lille. Men deres indflydelse vokser, og deres krydsningsprogram, som har været undervejs i flere generationer, vil til sidst være effektiv. Der vil være mennesker med større intelligens, men som ikke repræsenterer den menneskelige familie. Disse ting er mulige og er sket utallige gange i Det Større Fællesskab. I behøver blot at se på jeres egen historie for at se kulturers og racers indvirkning på hinanden og se, hvor dominerende og hvor indflydelsesrige disse interaktioner kan være.

Således bringer vi vigtige nyheder, alvorlige nyheder, med os. Men I må fatte mod, for dette er ikke en tid for ambivalens. Dette er ikke en tid at søge tilflugt i. Dette er ikke en tid at beskæftige sig med sin egen lykke. Dette er tiden til at bidrage til verden, til at styrke den menneskelige familie og kalde de naturlige evner frem, der findes i mennesker – evnen til at se, at vide og at handle i harmoni med hinanden. Disse evner kan opveje den indflydelse, der kastes over menneskeheden på dette tidspunkt, men disse evner må vokse og deles. Det er af allerstørste vigtighed.

Dette er vort råd. Det kommer med gode intentioner. Vær glad for, at I har allierede i Det Større Fællesskab, for allierede vil I få brug for. I træder ind i et større univers fyldt med kræfter og påvirkninger, som I endnu ikke har lært at modvirke. I træder ind i et større panorama af liv. Og I må forberede jer på dette. Vore ord er blot en del af forberedelsen. En forberedelse bliver nu sendt ind i verden. Den kommer ikke fra os. Den kommer fra Skaberen af alt liv. Den kommer på det helt rigtige tidspunkt. For nu er det tid for menneskeheden at blive stærk og vis. I har evnen til at blive dette. Og jeres livs begivenheder og omstændigheder skaber et stort behov for dette.

Udfordringen for Menneskelig Frihed

Menneskeheden nærmer sig en meget farlig tid og en meget vigtig tid i sin kollektive udvikling. I er på nippet til at dukke op i et Større Fællesskab af intelligent liv. I vil støde på andre slags væsner, der kommer til jeres verden, hvor de søger at beskytte deres interesser og finde muligheder, der kan ligge her. De er ikke engle eller englelige væsner. De er ikke spirituelle entiteter. De er væsner, der kommer til jeres verden efter ressourcer, efter alliancer og for at opnå en fordel i en opdukkende verden. De er ikke onde. De er ikke hellige. I dette er de også meget som jer. De er simpelthen drevet af deres behov, deres tilknytninger, deres overbevisninger og deres kollektive mål.

Dette er en meget stor tid for menneskeheden, men menneskeheden er ikke forberedt. Fra vores udsigtspunkt, kan vi se dette på en større skala. Vi involverer os ikke i enkeltmenneskers daglige liv i verden. Vi forsøger ikke at overtale regeringer eller gøre krav på visse dele af verden eller på visse ressourcer, der findes her. I stedet observerer vi, og vi vil gerne rapportere det, vi ser, for dette er vort formål med at være her.

De Usete har fortalt os, at der er mange mennesker i dag, der føler en underlig utilpashed, en vag følelse af at noget haster, en følelse af, at noget vil ske og at noget må gøres. Måske er der ingenting i deres daglige oplevelsessfære, der retfærdiggør disse dybere følelser, der bekræfter vigtigheden af disse følelser, eller giver substans til deres udtryk. Vi kan forstå dette, for vi har været igennem lignende ting selv i vor egen fortid. Vi repræsenterer flere racer, der har sluttet sig sammen i vor lille alliance for at støtte Kundskabens og Visdommens opdukken i universet, især i racer, der står på tærsklen til at dukke op i Det Større Fællesskab. Disse opdukkende racer er særligt sårbare overfor fremmed indflydelse og manipulation. De er særligt sårbare med hensyn til at misforstå deres situation, og forståeligt nok, for hvordan skulle de kunne begribe livets mening og kompleksitet i Det Større Fællesskab? Derfor vil vi gerne spille vores lille del, ved at forberede og uddanne menneskeheden.

I vor første diskurs gav vi en bred beskrivelse af de besøgendes engagementer i fire områder. Det første område er påvirkningen af vigtige personer i magtstillinger i regeringer og ledere af religiøse institutioner. Det andet indflydelsesområde er på mennesker, der har en åndelig tilbøjelighed og som gerne vil åbne sig for de større magter, der findes i universet. Det tredje engagementområde er de besøgendes byggeri af anlæg i verden på strategiske steder, nær befolkningscentre, hvorfra deres indflydelse på Det Mentale Miljø kan udøves. Og til sidst talte vi om deres genetiske krydsningsprogram med menneskeheden, et program, der har været undervejs i nogen tid.

Vi forstår, hvor bekymrende disse nyheder kan være, og måske hvor skuffende de kan være for mange mennesker, der havde store håb og forventninger om, at besøgende udefra ville bringe velsignelser og store fordele for menneskeheden. Det er måske naturligt at antage og forvente disse ting, men Det Større Fællesskab, hvori menneskeheden dukker op, er et vanskeligt og konkurrencepræget miljø, især i områder af universet, hvor mange forskellige racer kappes med hinanden og interagerer med handel og kommers for øje. Jeres verden ligger i sådan et område. Det kan synes jer utroligt, for det har altid forekommet jer, at I levede isoleret, alene i rummets mægtige tomhed. Men i virkeligheden lever I i en befolket del af universet, hvor handel er etableret, og hvor traditioner, interaktioner og tilknytninger alle er langvarige. Og til jeres fordel, lever I i en smuk verden - en verden med stor biologisk diversitet, et pragtfuldt sted i kontrast til så mange andre verdeners nøgenhed.

Men dette gør også jeres situation meget presserende og udgør en virkelig risiko, for I besidder noget mange andre gerne vil have for sig selv. De søger ikke at ødelægge jer, men at vinde jeres loyalitet, så jeres eksistens i verden og jeres aktiviteter her kan være til deres fordel. I dukker op i en moden og kompliceret række af omstændigheder. Her kan I ikke opføre jer som børn og tro og håbe på velsignelser fra alle, I kan støde på. I må blive vise og skarpsindige, ligesom vi, gennem vore vanskelige historier, har måttet blive vise og skarpsindige. Nu må menneskeheden lære om Det Større Fællesskabs måder, om interaktionens forviklinger mellem racer, om handelens kompleksiteter og om de umærkelige manipulationer af foreninger og alliancer, der er etableret mellem verdener. Det er en vanskelig, men vigtig tid for menneskeheden, en løfterig tid, hvis ægte forberedelse kan påtages.

I denne anden diskurs, vil vi gerne tale mere detaljeret om indblandingen i menneskelige anliggender, indblandinger foretaget af forskellige grupper af besøgende, hvad dette kan betyde for jer, og hvad det vil kræve. Vi kommer ikke for at opildne til frygt, men for at fremprovokere en ansvarsfølelse, for at fremkalde en større bevidsthed og opfordre jer til at forberede jer på det liv, I træder ind i, et større liv, men et liv ligeledes med større problemer og større udfordringer.

Vi er sendt hertil gennem De Usetes åndelige magt og tilstedeværelse. Måske vil du tænke på dem på en venlig måde som engle, men i Det Større Fællesskab er deres rolle større og deres engagementer og deres alliancer dybe og gennemtrængende. Deres åndelige magt er her for at velsigne sansende væsener i alle verdener og alle steder og fremme udviklingen af den dybere Kundskab og Visdom, der vil gøre den fredelige fremkomst af forhold, både mellem verdener og indenfor verdener, mulig. Vi er her på deres vegne. De har bedt os komme. Og de har givet os meget af den information, vi har, information, vi ikke selv kunne samle. Fra dem har vi lært en hel del om jeres natur. Vi har lært en hel del om jeres evner, jeres styrker, jeres svagheder og jeres store sårbarhed. Vi kan forstå disse ting, for de verdener, vi kommer fra, er kommet over denne store tærskel, som det er at dukke op i Det Større Fællesskab. Vi har lært meget, og vi har lidt meget på grund af vore egne fejltagelser, fejltagelser vi håber, at menneskeheden vil undgå.

Vi kommer derfor ikke kun med vore egne erfaringer, men med en dybere bevidsthed og en dybere følelse af formål, der er givet os af De Usete. Vi observerer jeres verden fra en lokalitet nær ved, og vi overvåger de væsners kommunikation, der besøger jer. Vi ved, hvem de er. Vi ved, hvor de kommer fra og hvorfor de er her. Vi konkurrerer ikke med dem, for vi er her ikke for at udnytte verden. Vi betragter os selv, som Menneskehedens Allierede, og vi håber med tiden, at I vil tænke på os, som sådan, for det er det, vi er. Og selvom vi ikke kan bevise det, håber vi at demonstrere det gennem vore ord og gennem vort råds visdom. Vi håber at forberede jer på, hvad der er i vente. Vi kommer i vor mission med en følelse af uopsættelighed, for menneskeheden er langt bagud med dens forberedelse på Det Større Fællesskab. Mange tidligere forsøg årtier tilbage på at skabe kontakt med mennesker og forberede mennesker på deres fremtid, skulle vise sig ikke at lykkes. Kun nogle få mennesker kunne nås, og, som vi er blevet fortalt, blev mange af disse kontakter misforstået og brugt af andre til forskellige formål.

Derfor er vi sendt i de væsners sted, der kom før os, for at tilbyde menneskeheden hjælp. Vi arbejder sammen i vor forenede sag. Vi repræsenterer ikke en stor militær magt, men snarere en hemmelig og hellig alliance. Vi ønsker ikke at se den slags ting, der findes i Det Større Fællesskab, begået her i jeres verden. Vi ønsker ikke at se menneskeheden miste sin frihed og sin selvbestemmelse. Det er der en virkelig risiko for. Af denne grund opmuntrer vi jer til at overveje vore ord dybt, uden frygt, hvis det er muligt, og med den slags overbevisning og beslutsomhed, som vi ved holder til i alle menneskers hjerter.

I dag og i morgen og overmorgen er der stor aktivitet undervejs og vil være undervejs for at etablere et indflydelsesnetværk over den menneskelige race, af dem, der besøger verden med deres egne formål for øje. De føler, at de er kommet her for at redde verden fra menneskeheden. Nogle tror endda, at de er her for at redde menneskeheden fra sig selv. De føler, at de er i deres ret, og anser ikke deres handlinger for at være upassende eller uetiske. Ifølge deres etik, gør de det, der anses for at være rimeligt og vigtigt. Men for alle frihedselskende væsner, kan sådan en holdning imidlertid ikke retfærdiggøres.

Vi observerer de besøgendes aktiviteter, som tiltager. Hvert år er de flere. De kommer langvejs fra. De medbringer forsyninger. De gør deres engagement og involvering dybere. De anlægger kommunikationsstationer mange steder i jeres solsystem. De iagttager alle jeres indledende togter i rummet, og de vil modarbejde og ødelægge alt det, de føler, vil forstyrre deres aktiviteter. De søger at etablere kontrol, ikke bare over jeres verden, men i området omkring jeres verden. Dette er fordi der er konkurrerende kræfter her. Hver enkelt repræsenterer en alliance, der består af flere racer.

Lad os nu adressere det sidste af de fire områder, som vi talte om i vor første diskurs. Dette har at gøre med de besøgendes krydsning med den menneskelige art. Lad os give jer lidt historie først. For mange tusinde af år siden, i jeres tid, kom der mange racer for at krydse sig med menneskeheden, for at give menneskeheden en større intelligens og tilpasningsevne. Dette førte til den ganske pludselige opdukken af, hvad vi forstår kaldes "den Moderne Mand". Det gav jer dominans og magt i jeres verden. Dette skete for længe siden.

Men det krydsningsprogram, der er i gang nu, er slet ikke det samme. Det udføres af andre slags væsner og af andre alliancer. Gennem krydsning søger de at skabe et menneske, der vil være del af deres association og dog vil kunne overleve i jeres verden og have et naturligt slægtskab til verden. Jeres besøgende kan ikke leve på overfladen af jeres verden. De må enten søge ly under jorden, som de gør, eller leve ombord på deres egne fartøjer, som de ofte holder skjult i store vandmængder. De vil gerne krydse sig med menneskeheden for at beskytte deres interesser her, hvilke primært er jeres verdens ressourcer. De vil gerne have menneskehedens loyalitet sikret og har således gennem mange generationer været engageret i et krydsningsprogram, der indenfor de sidste tyve år er blevet ret omfattende.

Deres hensigt er dobbeltsidig. For det første vil de besøgende, som vi har nævnt, skabe et menneskelignende væsen, der kan leve i jeres verden, men som vil være knyttet til dem og vil have en større række følsomheder og evner. Den anden hensigt med dette program er at påvirke alle de mennesker, de støder på, og opmuntre folk til at assistere dem i det, de har påtaget sig. De besøgende vil have og har brug for menneskelig assistance. Det fremmer deres program i alle henseender. De anser jer for at være værdifulde. Men de anser jer imidlertid ikke for at være deres ligemænd eller deres jævnbyrdige. Nyttige, er hvordan I opfattes. Så i alle de vil støde på, i alle de vil tage, vil de besøgende forsøge at skabe denne følelse af deres overlegenhed, deres værd og værdien i og betydningen af det, de bestræber sig på i verden. De besøgende vil fortælle alle, de kontakter, at de er her for det gode, og de vil forsikre alle de mennesker, de har fanget, at de ikke behøver at være bange. Og med de mennesker, der forekommer at være specielt modtagelige, vil de forsøge at skabe alliancer - en fælles følelse af formål, endda en fælles følelse af identitet og familie, arv og skæbne.

Gennem deres program, har de besøgende studeret menneskelig fysiologi og psykologi meget indgående, og de vil drage fordel af det, folk gerne vil, især de ting, som folk gerne vil, men ikke selv har kunnet opnå, såsom fred og orden, skønhed og sindsro. Disse ting vil blive tilbudt, og nogle vil være overbeviste. Andre vil simpelthen blive brugt efter behov.

Her er det nødvendigt at forstå, at de besøgende mener, at dette er helt passende for at bevare verden. De føler, at de gør menneskeheden en stor tjeneste, og således er de helhjertede i deres overtalelser. Desværre demonstrerer dette en stor sandhed om Det Større Fællesskab - at ægte Visdom og ægte Kundskab er ligeså sjældne i universet, som de må forekomme at være i jeres verden. Det er naturligt for jer at håbe på og forvente, at andre racer er vokset fra luskethed, egoistiske formål, konkurrence og konflikter. Men, ak, det er ikke tilfældet. Bedre teknologi højner ikke enkeltpersoners mentale eller åndelige styrke.

Der er i dag mange mennesker, der gentagne gange bliver taget imod deres vilje. Da menneskeheden er meget overtroisk og søger at fornægte ting, den ikke kan forstå, foregår denne uheldige aktivitet med betydelig succes. Selv nu er der hybrider, delvist mennesker, delvist fremmede, der går rundt i jeres verden. De er ikke mange, men deres antal vil vokse i fremtiden. Måske vil du møde en en dag. De vil se ud som jer, men være anderledes. Du vil tro, at det er mennesker, men noget essentielt vil synes at mangle, noget, der værdsættes i jeres verden. Det er muligt at skelne og identificere disse enkeltpersoner, men for at gøre det, må du have færdigheder i det Mentale Miljø og lære, hvad Kundskab og Visdom betyder i Det Større Fællesskab.

Vi føler, at det er af allerstørste vigtighed at lære dette, for fra vores udsigtspunkt ser vi alt, hvad der foregår i jeres verden, og De Usete rådgiver os med hensyn til ting, vi ikke kan se eller ikke har adgang til. Vi forstår disse begivenheder, for de er foregået utallige gange i Det Større Fællesskab, idet påvirkning og overtalelse kastes over racer, der enten er for svage eller for sårbare til at reagere effektivt.

Vi håber på og har tiltro til, at ingen af jer, der vil høre dette budskab, mener, at denne indtrængen i menneskelige anliggender er gavnlig. De mennesker, der påvirkes, vil blive influeret til at tro, at disse møder er gavnlige, både for dem selv og for verden. Folks åndelige aspirationer, deres higen efter fred og harmoni, familie og inddragelse, vil blive imødegået af de besøgende. Disse ting, der repræsenterer noget så specielt ved den menneskelige familie er, uden Visdom og forberedelse, et tegn på jeres store sårbarhed. Kun de mennesker, der er stærke med Kundskab og Visdom, vil kunne se bedraget bag disse overtalelser. Kun de er i en position til at se bedraget, der forøves mod den menneskelige familie. Kun de kan beskytte deres sind imod den påvirkning, der kastes i Det Mentale Miljø, så mange steder i verden i dag. Kun de vil se og vide.

Vore ord vil ikke være nok. Mænd og kvinder må lære at se og at vide. Vi kan kun opmuntre jer til det. Det, at vi kommer her til jeres verden, sker i overensstemmelse med præsentationen af læren om Større Fællesskabs Spiritualitet, for forberedelsen er her nu, og derfor kan vi være en kilde til opmuntring. Hvis ikke forberedelsen var her, ville vi vide, at vore formaninger og vor opmuntring ikke ville være nok og ville ikke lykkes. Skaberen og De Usete ønsker at forberede menneskeheden på Det Større Fællesskab. Faktisk er det det vigtigste behov for menneskeheden på dette tidspunkt.

Derfor opfordrer vi dig til ikke at tro på, at bortførelsen af mennesker og af deres børn og af deres familier overhovedet er til gavn for menneskeheden. Vi må understrege dette. Jeres frihed er dyrebar. Jeres personlige frihed og jeres frihed som race er dyrebar. Det har taget os så lang tid at genvinde vor frihed. Vi ønsker ikke at se jer miste jeres.

Krydsningsprogrammet, der udføres i verden, vil fortsætte. Den eneste måde at stoppe det på er gennem mennesker, der opnår denne større bevidsthed og følelse af indre autoritet. Kun dette vil gøre en ende på disse påtrængende aktiviteter. Kun dette vil afdække bedraget bag dem. Det er hårdt for os at forestille os, hvor forfærdeligt det må være for jeres folk, for disse mænd og kvinder, for de små, der gennemgår denne behandling, denne genuddannelse, denne pacificering. For vore værdier, forekommer dette afskyeligt, og dog ved vi, at disse ting foregår i Det Større Fællesskab og er foregået siden tidernes morgen.

Måske vil vores ord fremkalde flere og flere spørgsmål. Det er sundt og det er naturligt, men vi kan ikke besvare alle jeres spørgsmål. I må finde måderne til selv at få svarene. Men det kan I ikke, uden en forberedelse, og I kan det ikke, uden en retning. Som vi er blevet fortalt, kan menneskeheden ikke på dette tidspunkt skelne mellem en Større Fællesskabs demonstration og en åndelig manifestation. Det er virkeligt en vanskelig situation, for jeres besøgende kan projicere billeder, de kan tale til mennesker i Det Mentale Miljø, og deres stemmer kan blive modtaget og udtrykt gennem mennesker. De kan kaste den slags indflydelse, fordi menneskeheden endnu ikke har denne færdighed eller denne evne til at skelne.

Menneskeheden er ikke forenet. Den er gået i stykker. Den er i strid med sig selv. Dette gør jer ekstremt sårbare for udefrakommende indblanding og manipulation. Jeres besøgende forstår, at jeres åndelige higen og tilbøjeligheder gør jer specielt sårbare og specielt gode emner for deres anvendelse. Hvor vanskeligt er det ikke at opnå virkelig objektivitet med hensyn til disse ting. Selv fra, hvor vi er kommet, har dette været en stor udfordring. Men dem, der gerne vil forblive frie og øve selvbestemmelse i Det Større Fællesskab, må udvikle disse færdigheder, og må bevare deres egne ressourcer, for at undgå at måtte søge dem hos andre. Hvis jeres verden mister sin selvforsyningsevne, vil den miste meget af sin frihed. Hvis I bliver nødt til at gå udenfor jeres verden for at søge de ressourcer, I har brug for for at leve, så vil I miste meget af jeres magt til andre. Da jeres verdens ressourcer hurtigt svinder, er dette en alvorlig bekymring for os, der ser på langvejs fra. Det er også en bekymring for jeres besøgende, for de vil gerne forebygge ødelæggelsen af jeres miljø, ikke for jeres skyld, men for deres.

Krydsningsprogrammet har kun et formål, og det er at gøre det muligt for de besøgende at etablere en tilstedeværelse og en kommanderende indflydelse i verden. Tro ikke, at de besøgende mangler noget, de har brug for fra jer, andet end jeres ressourcer. Tro ikke, at de har brug for jeres menneskelighed. De vil kun have jeres menneskelighed for at sikre sig deres egen stilling i verden. Bliv ikke smigret. Forfald ikke til den slags tanker. De er ikke berettigede. Hvis du kan lære at se situationen klart, som den virkeligt foreligger, vil du se og vide disse ting selv. Du vil forstå, hvorfor vi er her, og hvorfor menneskeheden har brug for allierede i et Større Fællesskab af intelligent liv. Og du vil se vigtigheden af at lære større Kundskab og Visdom og at lære om Større Fællesskabs Spiritualitet.

Da I dukker op i et miljø, hvor disse ting bliver livsvigtige for succes, for frihed, for lykke og for styrke, har I brug for større Kundskab og Visdom for at etablere jer selv, som en uafhængig race i Det Større Fællesskab. Men for hver dag, der går, mister I imidlertid noget af jeres uafhængighed. Og du vil måske ikke se tabet af din frihed, selvom du kan mærke det på en måde. Hvordan skulle du kunne se det? Du kan ikke tage udenfor din verden og bevidne de begivenheder, der omgiver den. Du har ikke adgang til de fremmedes politiske og økonomiske engagementer, de fremmede kræfter, der opererer i verden i dag, for at kunne forstå deres kompleksitet, deres etik og deres værdier.

Tænk aldrig, at nogen race i universet, der rejser for kommers, er åndeligt avanceret. De, der søger kommers, søger fordele. De, der rejser fra verden til verden, de, der søger ressourcer, de, der søger at plante deres eget flag, er ikke det, I ville anse for at være åndeligt avancerede. Vi anser dem ikke for at være åndeligt avancerede. Der er verdslig magt, og der er åndelig magt. Du kan se forskellen mellem disse ting, og nu er det nødvendigt at se denne forskel, indenfor et større miljø.

Så vi kommer med en pligtfølelse og en stærk opfordring til jer om at bevare jeres frihed, at blive stærke og skarpsindige og ikke give efter for overtalelse og løfter om fred, magt og inddragelse fra dem, I ikke kender. Og lad dig ikke trøste til at tro, at alt vil blive godt for menneskeheden, eller blot for dig selv personligt, for det er ikke Visdom. For den Vise overalt må lære at se livets virkelighed omkring sig og lære at håndtere dette liv på en gavnlig måde.

Tag derfor imod vor opfordring. Vi vil igen tale om disse ting og illustrere vigtigheden af skarpsindighed og diskretion. Og vi vil tale mere om jeres besøgendes engagement i verden på områder, der er meget vigtige for jer at forstå. Vi håber, at I kan tage imod vore ord.

En Stor Advarsel

Vi har været ivrige efter at tale mere med jer om jeres verdens forhold, og, hvis muligt, hjælpe jer med at komme til at se det, vi ser fra vort udsigtspunkt. Vi indser, at dette er vanskeligt at tage imod og vil forårsage betydelig uro og bekymring, men I må være informerede.

Situationen er meget alvorlig, set fra vort perspektiv, og vi tror, at det ville være yderst uheldigt, hvis folk ikke blev informeret korrekt. Der er så meget bedrag i den verden, I lever i, og ligeledes i mange andre verdener, at sandheden, skønt tydelig og indlysende, ikke ses, og dens tegn og budskaber forbliver uopdagede. Derfor håber vi, at vores tilstedeværelse kan hjælpe med at klargøre billedet, og hjælpe dig og andre med at se, hvad der virkeligt er der. Vi har ikke selv disse kompromisser i vores opfattelse, for vi blev sendt for at bevidne de selvsamme ting, vi beskriver.

Med tiden vil I måske kunne se disse ting selv, men I har ikke denne slags tid. Nu er tiden kort. Menneskehedens forberedelse på, at kræfter fra Det

Større Fællesskab ville dukke op, er langt bagud for det, der var planlagt. Mange vigtige mennesker har ikke reageret. Og indtrængningen i verden er accelereret meget hurtigere, end man oprindeligt tænkte var muligt.

Vi kommer med kun lidt tid tilovers, og dog kommer vi med en opmuntring om at dele denne information. Som vi har antydet i vore tidligere budskaber, bliver verden infiltreret og Det Mentale Miljø konditioneret og forberedt. Hensigten er ikke at udrydde mennesker, men at ansætte dem, at få dem til at være arbejdere for et større "kollektiv." Verdens institutioner og afgjort det naturlige miljø værdsættes, og de besøgende foretrækker, at disse bevares til deres brug. De kan ikke leve her, og for at opnå jeres troskab, anvender de mange af de teknikker, som vi har beskrevet. Vi vil fortsætte vores beskrivelse for at gøre disse ting tydeligere.

Vores ankomst hertil har været forhindret af forskellige faktorer, ikke mindst på grund af de menneskers mangel på parathed, som vi må nå direkte. Vor taler, forfatteren til denne bog, er den eneste, med hvem vi har kunnet etablere en fast kontakt, så vi må give vor taler denne grundlæggende information.

Vi har lært, at fra jeres besøgendes perspektiv, anses De Forenede Stater for at være verdens leder, og derfor vil den største vægt blive lagt her. Men andre store nationer vil ligeledes blive kontaktet, for de anses for at holde magt, og magt forstås af de besøgende, for de følger magtens diktater, uden tvivlen, og i langt højere grad end det, der er åbenlyst i jeres verden.

Der vil blive gjort forsøg på at overtale lederne af de stærkeste nationer til at blive modtagelige overfor de besøgendes tilstedeværelse og tage imod gaver og lokkemidler mod samarbejde, med løftet om gensidig nytte, og endda for nogle med løftet om verdensherredømme. Der vil være de mennesker i verdens magtkorridorer, der vil reagere på disse lokkemidler, for de tror, at dette er en stor anledning til at tage menneskeheden hinsides atomkrigsspektret og ind i et nyt fællesskab på jorden, et fællesskab, som de vil lede med deres egne formål for øje. Og dog narres disse ledere, for de vil ikke få nøglerne til dette rige. De vil blot være dommere under magtoverførslen.

Dette må I forstå. Det er ikke så komplekst. Fra vores perspektiv og udsigtspunkt er det indlysende. Vi har set dette ske andre steder. Det er en af måderne, hvorpå etablerede organisationer af racer får deres kollektiver til at rekruttere opdukkende verdner som jeres. De er fuldstændigt overbeviste om, at deres agenda er ren, og at den vil forbedre verden, for menneskeheden er ikke højt respekteret, og skønt I er rene på visse måder, vejer jeres laster langt tungere end jeres potentiale, set fra deres perspektiv. Dette er ikke vores mening, ellers ville vi ikke være i den position, vi befinder os i, og vi ville ikke tilbyde jer vores tjeneste, som Menneskehedens Allierede.

Derfor er der nu en stor vanskelighed med skarpsindighed, en stor udfordring. Udfordringen er for menneskeheden at forstå, hvem der er dens virkeligt allierede og kunne skelne disse fra sine potentielle modstandere. Der er ingen neutrale parter i denne sag. Verden er alt for meget værd, og dens ressourcer anses for at være enestående og af betydelig værdi. Der er ingen neutrale parter involveret i menneskelige anliggender. Den fremmede Interventions sande natur er at øve indflydelse og kontrol og med tiden etablere sit eget herredømme her.

Vi er ikke de besøgende. Vi er observatører. Vi hævder ingen ret til jeres verden, og vi har ingen dagsorden om at etablere os selv her. Af denne grund er vore navne skjulte, for vi forfølger ikke noget forhold til jer, udover vor evne til at give vort råd på denne måde. Vi kan ikke styre udfaldet. Vi kan kun råde jer med hensyn til valgene og beslutningerne, som jeres folk må træffe, i lyset af disse større begivenheder.

Menneskeheden har stort løfte og har dyrket en rig åndelig arv men er uden uddannelse med hensyn til Det Større Fællesskab, som I dukker op i. Menneskeheden er splittet og stridbar i sig selv, og gør sig således sårbar overfor manipulation og indtrængen udefra. Jeres folk er optagede af dagens anliggender, mens morgendagens virkelighed ikke erkendes. Hvilken vinding kunne der overhovedet være ved at ignorere verdens større bevægelser og ved at antage, at Interventionen, der foregår i dag, er til gavn for jer? Der er bestemt ingen imellem jer, der kunne sige sådan, hvis I så situationens virkelighed.

På en måde er det et spørgsmål om perspektiv. Vi kan se og I kan ikke, for I har ikke det rette udsigtspunkt. I måtte være nødt til at befinde jer udenfor verden, udenfor jeres verdens indflydelsessfære, for at se det, vi ser. Og dog må vi, for at se det, vi ser, forblive skjulte, for blev vi opdaget, ville vi afgjort omkomme. For jeres besøgende anser deres mission her for at være af største værdi, og de anser Jorden for at være deres bedste emne blandt flere andre. De vil ikke holde inde på grund af os. Så det er jeres egen frihed, I må værdsætte og forsvare. Vi kan ikke gøre dette for jer.

Hvis en verden søger at etablere sit eget sammenhold, sin egen frihed og selvbestemmelse i Det Større Fællesskab, må den etablere denne frihed og forsvare den, hvis det er nødvendigt. Ellers vil dominans med sikkerhed ske og vil blive fuldkommen.

Hvorfor vil jeres besøgende gerne have jeres verden? Det er så indlysende. Det er ikke jer specielt, der interesserer dem. Det er jeres verdens biologiske ressourcer. Det er dette solsystems strategiske position. I er kun nyttige for dem, for så vidt disse ting værdsættes og kan benyttes. De vil tilbyde, hvad end I vil have, og de vil sige, hvad end I vil høre. De vil lokke med incitamenter, og de vil bruge jeres religioner og jeres religiøse idealer til at skabe tiltro og tillid til, at de mere end I forstår jeres verdens behov og vil kunne tjene disse behov, for at skabe en større sindsro her. Da det forekommer, at menneskeheden ikke selv er i stand til at skabe sammenhold og orden, vil mange mennesker åbne deres sind og deres hjerter for de væsner, de tror, vil have den største mulighed for at skabe disse ting her.

I anden diskurs, talte vi kort om krydsningsprogrammet. Nogle har hørt om dette fænomen, og vi forstår, at der har været nogen diskussion om det. De Usete har fortalt os, at der er en voksende opmærksomhed omkring, at et program som dette findes, men utroligt nok kan folk ikke se de indlysende implikationer i det, da de i så høj grad er givet til det, de foretrækker i sagen, og er så dårligt udstyret til at håndtere, hvad denne Intervention kunne betyde. Det er tydeligt, at et krydsningsprogram er et forsøg på at fusionere menneskehedens tilpassethed til denne fysiske verden med de besøgendes gruppesind og kollektive bevidsthed. Dette afkom ville være i en perfekt position til at blive menneskehedens nye lederskab, et lederskab, der er født af de besøgendes hensigter og kampagne. Disse individer vil have blodrelationer i verden, og andre mennesker vil have et naturligt forhold til dem og vil acceptere deres nærvær. Men deres sind vil ikke være med jer, ej heller deres hjerter. Og selvom de kan føle sympati for jer i jeres tilstand og for det, jeres tilstand meget vel kan vise sig at være, vil de ikke have den individuelle myndighed, ikke som I trænede i Kundskabens og Indsigtens Vej, til at assistere jer eller til at modstå den kollektive bevidsthed, der har næret dem hertil og givet dem liv.

Ser du, personlig frihed værdsættes ikke af de besøgende. De anser den for at være hensynsløs og uforsvarlig. De forstår kun deres egen kollektive bevidsthed, som de anser for at være privilegeret og velsignet. Og dog har de ikke adgang til sand spiritualitet, kaldet Kundskab i universet, for Kundskab er født af et individs selvopdagelse og bringes til at være gennem forhold af høj kaliber. Ingen af disse fænomener er til stede i de besøgendes sociale makeup. De kan ikke tænke for sig selv. Deres vilje er ikke deres alene. Så naturligvis kan de ikke agte udsigten til at udvikle disse to store fænomener i jeres verden, og de er bestemt ikke i en position til at give næring til dem. De søger kun ensretning og troskab. Og de spirituelle lærer, de vil tale for i verden, vil kun tjene til at gøre mennesker føjelige, åbne og umistænksomme, for at høste en tillid, der aldrig har været fortjent.

Vi har set disse ting før andre steder. Vi har set hele verdener falde under disse kollektivers kontrol. Der er mange af den slags kollektiver i universet. Fordi de beskæftiger sig med interplanetarisk handel og strækker sig over enorme regioner, holder de fast ved en stram konformitet uden afvigelse. Der er ingen individualitet iblandt dem, i det mindste ikke en individualitet, I ville kunne genkende.

Vi er ikke sikre på, at vi kan give noget eksempel fra jeres egen verden på, hvordan dette kunne se ud, men vi er blevet fortalt, at der er forretningsinteresser, der strækker sig over flere kulturer i jeres verden, der udøver en enorm magt og dog kun er styret af nogle få. Det er måske en god analogi for det, vi beskriver. Men det, vi beskriver, er så meget mere magtfuldt, gennemtrængende og veletableret end noget, I kunne byde på fra verden, som et godt eksempel.

Det er sandt for intelligent liv overalt, at frygt kan være en ødelæggende kraft. Men frygt tjener ét og kun ét formål, hvis den opfattes korrekt, og det er at informere en om tilstedeværelsen af fare. Vi er bekymrede, og det er vores frygt. Vi forstår, hvad der er i fare. Det er vores bekymring. Jeres frygt er født af, at I ikke ved, hvad der foregår, så det er en ødelæggende frygt. Det er en frygt, der ikke kan gøre jer stærke eller give jer den opfattelse, I har brug for, for at begribe, hvad der sker i jeres verden.

Hvis I kan blive informerede, så omdannes frygten til bekymring og bekymring omdannes til konstruktiv handling. Vi kender ingen anden måde at forklare dette på.

Krydsningsprogrammet udvikler sig meget succesfuldt. Der er allerede mennesker, der går på jeres Jord, der er født af de besøgendes bevidsthed og kollektive anstrengelse. De kan endnu ikke opholde sig her i længere tid ad gangen, men bare indenfor nogle få år, vil de permanent kunne bebo jeres verdens overflade. Sådan vil perfektionen af deres genetiske ingeniørarbejde være, at disse individer kun vil forekomme en smule anderledes end jer, mere i deres manerer og i deres nærvær, end i deres fysiske ydre, så vidt, at de højst sandsynligt vil gå ubemærkede og uopdagede hen. Imidlertid vil de have større mentale anlæg. Og det vil give dem et fortrin, I ikke kan matche, medmindre I var øvede i Indsigtens Veje.

Sådan er den større virkelighed, menneskeheden dukker op i - et univers fyldt med undere og rædsler, et univers af påvirkning, et univers af konkurrence, men også et univers fyldt med Nåde, meget som i jeres egen verden, dog uendeligt meget større. Himlen, I søger, er ikke her. Men de kræfter, I må strides med, er. Dette er den største tærskel, I nogensinde vil stå ved. Hver af os, i vor gruppe, har stået ved denne i hver vore egne verdener, og der har været en hel del fejltagelse, med kun nogle successer. Racer, der kan bevare deres frihed og isolation, må blive stærke og forenede og vil sandsynligvis trække sig tilbage fra Større Fællesskabs interaktioner, for at beskytte denne frihed.

Hvis I overvejer disse ting, vil I måske se en logisk konsekvens af dem i jeres egen verden. De Usete har fortalt os en hel del om jeres åndelige udvikling og dennes store løfte, men de har også rådført os om, at jeres åndelige tilbøjeligheder og idealer i høj grad bliver manipuleret med på dette tidspunkt. Der er hele lærer, der introduceres i verden nu, der instruerer i menneskelig føjelighed og ophævelsen af kritiske evner og kun værdsætter det, der er rart og komfortabelt. Disse lærer gives for at gøre folk ude af stand til at få adgang til Kundskab i dem selv, indtil folk når et punkt, hvor de føler sig fuldstændigt afhængige af nogle større kræfter, de ikke kan identificere. Når de når dertil, vil de følge, hvad end der bydes dem at gøre, og selv hvis de fornemmer, at noget er galt, vil de ikke længere have styrken til at stå imod det.

Menneskeheden har levet isoleret længe. Måske tror man, at det er umuligt for en Intervention, som denne, at finde sted, og at hver enkelt person har ejendomsret over sin egen bevidsthed og forstand. Men det er kun antagelser. Vi er imidlertid blevet fortalt, at de Vise i jeres verden har lært at gå udover disse antagelser og har opnået styrken til at etablere deres eget Mentale Miljø.

Vi frygter at vore ord kan komme for sent og gøre for lidt indtryk, og at den ene, vi valgte til at tage imod os, har for lidt assistance og støtte til at stille denne information til rådighed for andre. Han vil støde på tvivl og latterliggørelse, for han vil ikke blive troet, og det, han vil tale om, vil modsige det, mange antager for at være sandt. Det vil især være de mennesker, der er faldet for fremmed overtalelse, der vil gå imod ham, for de har ikke noget valg i sagen.

Ind i denne alvorlige situation, har Skaberen af alt liv sendt en forberedelse, en lære i spirituel kunnen og skarpsindighed, magt og præstation. Vi er elever af en lære af denne slags, ligesom mange andre i universet er. Denne lære er en form for Guddommelig intervention. Den tilhører ikke nogen enkelt verden. Den er ikke en enkelt races ejendom. Den kredser ikke omkring en helt eller heltinde, nogen enkeltperson. En forberedelse, som denne, er nu til rådighed. Der vil være brug for den. Set fra vort perspektiv, er den på nuværende tidspunkt det eneste, der kan give menneskeheden en mulighed for at blive vis og skarpsindig med hensyn til jeres nye liv i Det Større Fællesskab.

Ligesom det er sket i jeres verden, i jeres egen fortid, er de første, der vil nå nyt land, opdagelsesrejsende og erobrerne. De kommer ikke af uegennyttige grunde. De kommer for at søge magt, ressourcer og herredømme. Sådan er livets natur. Hvis menneskeheden var bekendt med Større Fællesskabsanliggender, ville I, medmindre en gensidig aftale på forhånd var etableret, modstå enhver visitation til jeres verden. I ville vide nok til ikke at lade jeres verden være så udsat.

På nuværende tidspunkt er der mere end et kollektiv, der konkurrer om fordele her. Det placerer menneskeheden i midten af en række meget usædvanlige og dog oplysende omstændigheder. Af denne grund vil de besøgendes budskaber ofte forekomme at være i uoverensstemmelse med hinanden. Der har været konflikter imellem dem, men de vil forhandle med hinanden, for at nå gensidige fordele. Men de konkurrerer stadigt. For dem er dette frontlinjen. For dem værdsættes I kun, som værende nyttige. Hvis I ikke længere anses for at være nyttige, vil I simpelthen blive kasseret.

Her er der en stor udfordring for jeres verdens folk og ikke mindst for de mennesker, der sidder i magt og ansvarsstillinger, at skelne forskellen mellem en åndelig tilstedeværelse og en besøgendes fra Det Større Fællesskab. Men hvordan kunne I have rammerne til at gøre denne sondring? Hvor kan I lære disse ting? Hvem i jeres verden er i en position til at undervise i Større Fællesskabsvirkelighed?

Kun en lære, der ikke kommer fra verden, kan forberede jer på livet udenfor verden, og livet udenfor verden er nu i verden og søger at etablere sig selv her, søger at sprede sin indflydelse, søger at vinde menneskers sind og hjerter overalt. Så enkelt er det. Og dog så overvældende.

Derfor er det i disse budskaber vores opgave at bringe en stor advarsel, men denne advarsel er ikke tilstrækkelig. Imellem jer, må der være en genkendelse. I det mindste blandt tilstrækkeligt mange mennesker her, må der være en forståelse for den virkelighed, I nu ser i øjnene. Det er den største begivenhed i menneskets historie - den største trussel mod menneskelig frihed og den største anledning til menneskelig forening og samarbejde. Vi ser disse store fordele og muligheder, men for hver dag, der går, falmer deres løfte - idet flere og flere mennesker bliver fanget og deres bevidsthed genkultiveret og reorganiseret, idet flere og flere mennesker lærer den spirituelle lære, de besøgende taler for, og idet flere og flere mennesker bliver mere føjelige og mindre i stand til at skelne.

Vi er kommet på anmodning af De Usete for at tjene i observatørernes kapacitet. Skulle det lykkes os, vil vi kun blive i nærheden af jeres verden længe nok til at fortsætte med at give jer denne information. Derefter vil vi vende tilbage til vore egne hjem. Skulle det ikke lykkes os og skulle tidevandet vende sig imod menneskeheden, og skulle det store mørke falde over verden, overherredømmets mørke, bliver vi nødt til at tage afsted med ufuldbyrdet mission. Uanset hvad, kan vi ikke blive hos jer, skønt, hvis I skulle vise jer lovende, vil vi blive, indtil I er sikre, indtil I kan forsyne jer selv. Heri ligger kravet om, at I er selvforsynede. Skulle I blive afhængige af handel med andre racer, skaber dette en meget stor risiko for manipulation udefra, for menneskeheden er endnu ikke stærk nok til at modstå den kraft i Det Mentale Miljø, der kan udøves her og bliver udøvet her nu.

De besøgende vil forsøge at skabe det indtryk, at de er "menneskehedens allierede." De vil sige, at de er her for at redde menneskeheden fra sig selv, at kun de kan give det store håb, som menneskeheden ikke kan give sig selv, at kun de virkeligt kan etablere orden og harmoni i verden. Men denne orden og denne harmoni vil blive deres, ikke jeres. Og den frihed, de lover, vil I ikke komme til at nyde.

Manipulation af Religiøse Traditioner og Overbevisninger

For at forstå de besøgendes aktiviteter i verden i dag, må vi præsentere mere information for jer om deres påvirkning på verdens religiøse institutioner og religiøse værdier, og på de grundlæggende åndelige indskydelser, der er generelle i jeres natur, og som på mange måder er generelle for intelligent liv i mange dele af Det Større Fællesskab.

Vi skal begynde med at sige, at de aktiviteter, de besøgende udfører i verden på dette tidspunkt, er gjort mange gange før, mange forskellige steder, i mange forskellige kulturer i Det Større Fællesskab. Jeres besøgende er ikke ophavsmændene til disse aktiviteter, men bruger dem blot efter eget skøn, i den grad, de er bevidste om dem og har brugt dem før.

Det er vigtigt for jer at forstå, at færdigheder med hensyn til at påvirke og manipulere andre, er udviklet til et meget højt funktionsniveau i Det Større Fællesskab. Idet racer bliver mere dygtige og teknologisk set kan gøre mere, udøver de mere subtile og mere gennemtrængende former for indflydelse på hinanden. Så vidt har mennesker kun udviklet sig til at konkurrere med hinanden, så I har endnu ikke denne tilpassede fordel. Det i sig selv er en af grundene til, at vi præsenterer dette materiale for jer. I træder ind i en helt ny række af omstændigheder, der kræver, at I dyrker jeres medfødte evner, såvel som at lære nye færdigheder.

Skønt menneskeheden repræsenterer en unik situation, er det, at dukke op i Det Større Fællesskab, sket utallige gange før for andre racer. Så det, der forøves mod jer, er gjort før. Det er blevet højt udviklet og bliver nu tilpasset jeres liv og jeres situation med, hvad vi føler, relativ lethed.

Det er delvist Pacificerings Programmet, der implimenteres af de besøgende, der gør dette muligt. Den naturlige tendens til fredelige forhold og trangen til at undgå krig og konflikter er beundringsværdig, men kan blive, og bliver så sandelig brugt imod jer. Selv jeres mest ædle impulser kan blive brugt til andre formål. I har set dette ske i jeres egen fortid, i jeres egen natur og i jeres egne samfund. Fred kan kun etableres på et fast grundlag af visdom, samarbejde og sand evne.

Menneskeheden har naturligt beskæftiget sig med at etablere fredelige forhold mellem sine egne stammer og nationer. Nu har den imidlertid en større række problemer og udfordringer. Vi ser disse som udviklingsmuligheder, for det vil kun være udfordringen ved at dukke op i Det Større Fællesskab, der vil forene verden og give jer et grundlag, hvorpå denne forening kan blive ægte, stærk og effektiv.

Vi kommer derfor ikke for at kritisere jeres religiøse institutioner eller jeres mest grundlæggende impulser eller værdier, men for at illustrere, hvordan de bruges imod jer af de fremmede racer, der intervenerer i jeres verden. Og hvis det er i vor magt, vil vi gerne opmuntre jer til at anvende jeres gaver og præstationer på rette vis, for bevarelsen af jeres verden, bevarelsen af jeres frihed og jeres integritet, som race i en Større Fællesskabs-sammenhæng.

De besøgende er grundlæggende praktiske i deres tilgang. Dette er både en styrke og en svaghed. Som vi har observeret dem, både her og andre steder, ser vi, at det er vanskeligt for dem at afvige fra deres planer. De er ikke gode til at tilpasse sig forandring, og de kan heller ikke håndtere kompleksitet særligt effektivt. Derfor går de efter planen på en næsten uforsigtig måde, for de føler, at de er i deres ret, og at de har fortrinnet. De tror ikke, at menneskeheden vil opbyde nogen modstand imod dem - i det mindste ikke en modstand, der vil påvirke dem stort. Og de føler, at deres hemmeligheder og deres dagsorden er velbevarede og er hinsides menneskelig forstand.

I dette lys gør vores aktiviteter, med hensyn til at præsentere dette materiale, os til deres fjender, afgjort i deres øjne. Men i vore øjne forsøger vi blot at modvirke deres indflydelse og give jer den forståelse, I har brug for, og det perspektiv, I må sætte jeres lid til, for at bevare jeres frihed, som race, og for at tage jer af Det Større Fællesskabs virkeligheder.

På grund af deres indstillings praktiske natur, vil de gerne nå deres mål med størst mulig effektivitet. De vil gerne forene menneskeheden, men kun i overensstemmelse med deres egen deltagelse og egne aktiviteter i verden. For dem er menneskeligt sammenhold et praktisk anliggende. De værdsætter ikke mangfoldighed i kulturer, de værdsætter den afgjort ikke i deres egne kulturer. Derfor vil de forsøge at udrydde mangfoldigheden eller minimere den, hvis muligt, hvor end de øver deres indflydelse.

I vores forrige diskurs, talte vi om de besøgendes indflydelse på nye former for spiritualitet - på nye idéer og nye udtryk for menneskelig guddommelighed og for den menneskelige natur, nye udtryk, der er i jeres verden på dette tidspunkt. Nu, i denne diskussion, vil vi gerne fokusere på de traditionelle værdier og institutioner, som jeres besøgende søger at påvirke og påvirker i dag.

Idet de besøgende forsøger at fremme ensformighed og konformitet, vil de sætte deres lid til de institutioner og de værdier, de føler er de mest stabile og praktiske for deres anvendelse. De er ikke interesserede i jeres idéer, og de er ikke interesserede i jeres værdier, undtagen for så vidt, at disse ting kan fremme deres dagsorden. Lad jer ikke bedrage ved at tænke, at de føler sig draget af jeres åndelighed, da de selv mangler den slags. Dette ville være en tåbelig og måske fatal fejltagelse. Tro ikke, at de er forelskede i jeres liv og i de ting, I synes er fascinerende. For kun i sjældne tilfælde vil I kunne påvirke dem på denne måde. Al naturlig nysgerrighed er avlet ud af dem og meget lidt er blevet tilbage. Der er faktisk meget lidt af, hvad I vil kalde "Ånd", eller hvad vi kalder "Varne", eller "Indsigtens Vej". De styres og kontrollerer og følger tankemønstre og adfærd, der er fast etablerede og strengt håndhævede. Det kan forekomme, at de synes at føle med jeres idéer, men det er kun for at få jeres loyalitet.

I de traditionelle religiøse institutioner i jeres verden, vil de søge at bruge de værdier og grund-overbevisninger, der i fremtiden kan tjene til at få jeres loyalitet. Lad os give jer nogle eksempler, både født af vores egen observation, og af den indsigt, De Usete har givet os over tid.

Mange i jeres verden følger den Kristne tro. Vi synes, at dette er beundringsværdigt, skønt det bestemt ikke er den eneste tilgang til de grundlæggende spørgsmål om åndelig identitet og formål i livet. De besøgende vil benytte sig af den fundamentalistiske idé om loyalitet til en enkelt leder, for at skabe loyalitet til deres sag. Indenfor denne religions sammenhæng, vil identifikationen med Jesus Kristus blive anvendt i stort omfang. Håbet og løftet om hans genkomst til verden, giver jeres besøgende en perfekt mulighed, især ved dette årtusindes vendepunkt.

Det er vores forståelse, at den ægte Jesus ikke vil vende tilbage til verden, for han arbejder sammen med De Usete og tjener menneskeheden og ligeledes andre racer. Den ene, der vil komme og hævde hans navn, vil komme fra Det Større Fællesskab. Han vil være en, der er født og avlet til dette formål af disse kollektiver, der er i jeres verden i dag. Han vil forekomme at være et menneske og vil have betydelige evner, sammenlignet med, hvad I kan præstere på dette tidspunkt. Han vil forekomme at være helt uegennyttig. Han vil kunne gøre ting, der enten vil fremkalde frygt eller stor ærbødighed. Han vil kunne projicere billeder af engle, dæmoner eller af hvad som helst, hans overordnede gerne vil udsætte jer for. Han vil forekomme at have åndelige kræfter. Dog vil han komme fra Det Større Fællesskab, og han vil være del af kollektivet. Og han vil fremkalde loyalitet til at følge sig. Med tiden vil han opmuntre til de menneskers fremmedgørelse eller tilintetgørelse, der ikke kan følge ham.

De besøgende bekymrer sig ikke om, hvor mange af jeres folk, der bliver tilintetgjort, så længe de har den primære loyalitet blandt flertallet. Derfor vil de besøgende fokusere på disse fundamentalistiske idéer, der giver dem denne autoritet og denne indflydelse.

Så Genkomsten forberedes af jeres besøgende. Vi forstår, at beviset på denne allerede er i verden. Folk erkender ikke de besøgendes nærvær eller virkelighedens natur i Det Større Fællesskab, og derfor vil de naturligt acceptere deres tidligere overbevisninger uden tøven, idet de føler, at tiden er kommet for deres Frelsers og Lærers store tilbagekomst. Men vedkommende, der vil komme, vil ikke komme fra den himmelske vært, han vil ikke repræsentere Kundskab eller De Usete, og han vil ikke repræsentere Skaberen eller Skaberens Vilje. Vi har set denne plan formuleret i verden. Vi har også set lignende planer ført ud i livet i andre verdener.

I andre religiøse traditioner opmuntres de besøgende til ensrettethed - hvad I måske vil kalde en fundamentalistisk form for religion, baseret på fortiden, baseret på loyalitet overfor autoritet og baseret på konformitet med institutionen. Dette tjener de besøgende. De er ikke interesserede i jeres religiøse institutioners ideologi og værdier, kun i deres nyttighed. Des mere folk kan tænke ens, handle ens og reagere på forudsigelige måder, desto mere nyttige er de for kollektiverne. Denne ensartethed fremmes i mange forskellige traditioner. Hensigten her er ikke at gøre dem alle ens, men at få dem til at være enkle i sig selv.

I en del af verden, vil en bestemt religiøs ideologi være fremherskende; i en anden del, vil en anden religiøs ideologi være fremherskende. Dette er fuldstændigt gavnligt for jeres besøgende, for de bekymrer sig ikke om, at der er mere end en religion, så længe der er orden, ensartethed og loyalitet. Uden selv at have en religion, som I overhovedet ville kunne følge eller identificere jer med, vil de bruge jeres til at fremelske deres egne værdier. For de værdsætter kun fuldkommen loyalitet til deres sag og til kollektiverne og søger jeres fuldkomne loyalitet til at deltage sammen med dem på måder, som de foreskriver. De vil forsikre jer om, at dette skaber fred og forløsning i verden, samt genkomsten af hvilket som helst religiøs skikkelse eller personage, der anses for at værdsættes højest her.

Dette vil ikke sige, at fundamentalistisk religion er styret af fremmede kræfter, for vi forstår, at fundamentalistisk religion er veletableret i jeres verden. Det, vi siger her er, at tilskyndelserne til fundamentalisme og mekanismerne i fundamentalisme vil blive bakket op af de besøgende og anvendt til deres egne formål. Derfor må stor omhu udvises af alle ægte troende i deres traditioner, for at skelne disse indflydelser og modvirke dem, hvis muligt. Her er det ikke gennemsnitspersonen i verden, de besøgende søger at overbevise; det er lederskabet.

De besøgende er fuldstændigt overbeviste om, at blander de sig ikke tidsnok, vil menneskeheden ødelægge sig selv og verden. Dette er ikke baseret på sandhed; det er kun en antagelse. Skønt menneskeheden er i fare for selvudryddelse, er dette ikke nødvendigvis jeres skæbne. Men kollektiverne er overbeviste om, at det forholder sig sådan, og derfor må de handle i hast og lægge stor vægt på deres overtalelsesprogram. De mennesker, der kan overbevises, vil blive værdsat for deres nytte; de mennesker, der ikke kan overbevises, vil blive kasserede og fremmedgjorte. Skulle de besøgende blive stærke nok til at få fuldkommen kontrol over verden, vil de mennesker, der ikke kan indpasse sig, simpelthen blive eliminerede. Men de besøgende vil ikke foretage aflivelsen. Den vil blive gjort at de selvsamme personer i verden, der fuldstændigt er faldet for de besøgendes overtalelse.

Vi forstår, at dette er et forfærdeligt scenarie, men der må ingen forvirring være, hvis I skal forstå og tage imod det, vi udtrykker i vore budskaber til jer. Det er ikke menneskehedens udryddelse, de besøgende søger at opnå, det er integrationen af menneskeheden. De vil krydse sig med jer for dette formål. De vil forsøge at omdirigere jeres religiøse tilskyndelser og institutioner med dette formål. De vil etablere sig selv på en fordækt måde med dette formål. De vil påvirke regeringer og regeringsledere med dette formål. De vil påvirke militære styrker i verden med dette formål. De besøgende har tiltro til, at det vil lykkes dem, for så vidt ser de, at menneskeheden ikke har opbudt tilstrækkelig modstand til at modvirke deres mål eller ophæve deres dagsorden.

For at modvirke dette, må I lære Kundskabens Større Fællesskabs Vej. Alle frie racer i universet må lære Kundskabens Større Fællesskabs Vej, men den må imidlertid defineres indenfor deres egne kulturer. Den er kilden til personlig frihed. Den er det, der gør enkeltpersoner og samfund i stand til at have ægte integritet og have den nødvendige visdom til at håndtere indflydelserne, der modarbejder Kundskab, både i deres verdener og i Det Større Fællesskab. Derfor er det nødvendigt at lære nye veje, for I træder ind i en ny situation med nye kræfter og nye påvirkninger. Dette er ingen fremtidsudsigt, men en umiddelbar udfordring. Livet i universet venter ikke på, at I er parate. Begivenheder vil finde sted, uanset om I er parate eller ej. Visitation er sket, uden jeres godkendelse og uden jeres tilladelse. Og jeres grundlæggende rettigheder bliver krænket i langt højere grad, end I endnu indser.

Af denne grund er vi blevet sendt, ikke blot for at give vort perspektiv og vor opmuntring, men også for at lyde et kald, en alarm, inspirere en bevidsthed og en forpligtelse. Vi har før sagt, at vi ikke kan redde jeres race med militær intervention. Det er ikke vor rolle. Og selv, hvis vi forsøgte at gøre det og samlede den styrke, der skulle til for at føre sådan en agenda ud i livet, ville jeres verden blive ødelagt. Vi kan kun rådgive.

I fremtiden vil I se en vildskab i religiøse overbevisninger udtrykt på voldsomme måder, imod mennesker, der er uenige, imod mindre stærke nationer og brugt som et angrebs og ødelæggelsesvåben. De besøgende kunne ikke ønske sig noget bedre, end at jeres religiøse institutioner styrede jeres nationer. Dette må I modstå. De besøgende kunne ikke ønske sig noget bedre, end at alle delte de samme religiøse værdier, for dette føjer endnu flere til deres arbejdsstyrke og gør deres opgave lettere. I alle sine manifestationer reducerer en sådan indflydelse sig grundlæggende ned til føjelighed og underkastelse - underkastelse af vilje, underkastelse af formål, underkastelse af ens liv og ens evner. Alligevel vil dette blive bebudet som menneskehedens store præstation, et stort samfundsfremskridt, en ny ensretning af den menneskelige race, et nyt håb om fred og sindsro, den menneskelige ånds triumf over menneskelige instinkter.

Derfor kommer vi med vore råd og opfordrer jer til ikke at træffe uvise beslutninger, ikke at overgive jeres liv til noget, I ikke forstår, og ikke sløve jeres skelneevne og jeres diskretion for nogen som helst lovet belønning. Og vi må opfordre jer til ikke at forråde Kundskab i jer selv, denne åndelige intelligens, som I blev født med og som nu holder jeres eneste og største løfte.

Måske vil du, når du hører dette, betragte universet som blottet for Nåde. Måske bliver du kynisk og bange, og tænker at gerrighed er universel. Men det er ikke tilfældet. Det, der er brug for nu, er at du bliver stærk, stærkere end du er, stærkere end du har været før. Byd ikke kommunikationer med de væsner, der intervenerer i verden, velkomne, før du har denne styrke. Åbn ikke jeres sind og hjerter for de besøgende udefra, for de kommer her med deres egne hensigter. Tænk ikke, at de vil opfylde jeres religiøse profetier og største idealer, for det er en illusion.

Der er mægtige åndelige kræfter i Det Større Fællesskab - enkeltpersoner og endda nationer, der har nået meget høje præstationsniveauer, langt udover, hvad menneskeheden har demonstreret hidtil. Men de kommer ikke og tager kontrol over andre verdener. De repræsenterer ikke politiske og økonomiske kræfter i universet. De involverer sig ikke i handel, udover for at opfylde deres egne grundlæggende behov. De rejser sjældent, undtagen i nødsituationer.

Udsendinge sendes ud for at hjælpe de verdener, der dukker op i Det Større Fællesskab, udsendinge som os selv. Og der er også spirituelle udsendinge - De Usetes magt, der kan tale til de mennesker, der er parate til at tage imod, og som viser et godt hjerte og et godt løfte. Sådan arbejder Gud i universet.

I træder ind i et vanskeligt, nyt miljø. Jeres verden er meget værdifuld for andre. I vil være nødt til at beskytte den. I vil være nødt til at bevare jeres ressourcer, så I ikke forlanger eller bliver afhængige af handel med andre nationer for jeres livsnødvendige fornødenheder. Hvis I ikke bevarer jeres ressourcer, bliver I nødt til at opgive meget af jeres frihed og selvforsyningsevne.

Jeres spiritualitet må være sund. Den må være baseret på virkelig oplevelse, for værdier og overbevisninger, ritualer og traditioner, kan blive brugt og bliver brugt af jeres besøgende til deres egne formål.

Her kan du begynde at se, at de besøgende på visse områder er meget sårbare. Lad os forske mere i dette. Individuelt har de meget lidt vilje og har vanskeligheder med at håndtere kompleksiteter. De forstår ikke jeres åndelige natur. Og de forstår helt afgjort ikke Kundskabens indskydelser. Des stærkere I er med Kundskab, desto mere uforståelige bliver I, desto vanskeligere er I at styre, og desto mindre nyttige bliver I for dem og deres integrationsprogram. Desto stærkere I individuelt er med Kundskab, desto større udfordring bliver I for dem. Des flere enkeltmennesker, der bliver stærke med Kundskab, desto vanskeligere er det for de besøgende at isolere disse mennesker.

De besøgende har ikke fysisk styrke. Deres magt ligger i Det Mentale Miljø og i anvendelsen af deres teknologier. Deres antal er lille, sammenlignet med jeres. De er fuldstændigt afhængige af jeres samtykke, og er overdrevent sikre på, at det vil lykkes dem. Baseret på deres oplevelse så vidt, har menneskeheden ikke opbudt nogen betydelig modstand. Men des stærkere du er med Kundskab, desto mere bliver du en kraft, der modsætter sig intervention og manipulation, og desto mere bliver du en kraft for frihed og integritet for din race.

Skønt mange måske ikke vil kunne høre vort budskab, er jeres reaktion vigtig. Måske er det let ikke at tro på vor tilstedeværelse og vor virkelighed og let at reagere imod vort budskab, dog taler vi i overensstemmelse med Kundskab. Derfor kan det, vi siger, være kendt i dig, hvis du er fri til at erkende det.

Vi forstår, at vi i vor præsentation udfordrer mange overbevisninger og konventioner. Endog vor optræden her vil forekomme uforklarlig og blive fornægtet af mange. Alligevel kan vore ord og vort budskab genlyde i dig, fordi vi taler med Kundskab. Sandhedens magt er den stærkeste magt i universet. Den har magten til at befri. Den har magten til at oplyse. Og den har magten til at give styrke og tiltro til de mennesker, der har brug for det.

Vi er blevet fortalt, at menneskers samvittighed værdsættes højt, selvom den måske sjældent følges. Det er denne, vi taler om, når vi taler om Kundskabens Vej. Den er grundlaget for alle jeres åndelige tilskyndelser. Den er allerede omfattet af jeres religioner. Den er ikke ny for jer. Men den må værdsættes, ellers vil vor anstrengelse og De Usetes anstrengelse med henblik på at forberede menneskeheden på Det Større Fællesskab ikke lykkes. For få mennesker vil reagere. Og sandheden vil være en byrde for dem, for de vil ikke kunne dele den effektivt med andre.

Derfor kommer vi ikke for at kritisere jeres religiøse institutioner eller konventioner, men kun for at illustrere, hvordan de kan bruges imod jer. Vi er her ikke for at erstatte dem eller fornægte dem, men vise jer, hvordan ægte integritet må gennemstrømme disse institutioner og konventioner for at de kan tjene jer på en ægte måde.

I Det Større Fællesskab er spiritualitet legemliggjort i det vi kalder Kundskab, Kundskab, der betyder Åndens Intelligens og Åndens bevægelse i en. Den gør en i stand til at vide, snarere end at tro. Den giver en immunitet overfor overtalelse og manipulation, for Kundskab kan ikke manipuleres med af nogen verdslig magt eller kraft. Den giver liv til jeres religioner og håb for jeres skæbne.

Vi holder fast ved disse idéer, for de er grundlæggende. Imidlertid mangler de i kollektiverne, og skulle du støde på kollektiverne eller deres tilstedeværelse og har magten til at bevare din egen forstand, vil du selv se dette.

Vi er blevet fortalt, at der er mange mennesker i verden, der gerne vil overgive sig selv, give sig selv væk til en større magt i livet. Dette er ikke enestående for menneskenes verden, men i Det Større Fællesskab fører den slags tilgang til slaveri. Vi forstår, at før de besøgende var her i så stort tal, førte denne tilgang i verden ofte til slaveri. Men i Det Større Fællesskab er I mere sårbare og må udvise mere visdom, være mere forsigtige og mere selvforsynede. Her koster ubesindighed tungt og medfører megen uheld.

Hvis du kan reagere på Kundskab og lære Kundskabens Større Fællesskabs Vej, vil du kunne se disse ting selv. Så vil du bekræfte vore ord, snarere end blot at tro på dem eller fornægte dem. Skaberen gør dette muligt, for Skaberen vil, at menneskeheden forbereder sig på sin fremtid. Det er derfor vi er kommet. Det er derfor vi observerer og nu har lejligheden til at rapportere det vi ser.

I deres essentielle lærer, taler verdens religiøse traditioner godt for jer. Vi har haft lejligheden til at lære om dem gennem De Usete. Men de repræsenterer også en potentiel svaghed. Hvis menneskeheden var mere årvågen og forstod livets virkelighed i Det Større Fællesskab og hvad for tidlig visitation betyder, ville jeres risici ikke være så store, som de er i dag. Der er håb og forventning om, at denne slags visitation vil bringe store gaver med sig og vil opfylde jer. Men I har ikke kunnet lære om Det Større Fællesskabs virkelighed eller om de magtfulde kræfter, der interagerer med jeres verden. Jeres manglende forståelse og for tidlige tiltro til de besøgende tjener jer ikke.

Det er af denne grund, at de Vise over hele Det Større Fællesskab forbliver skjulte. De søger ikke handel i Det Større Fællesskab. De søger ikke at blive del af et laug eller af handelskooperativer. De søger ikke diplomatiske forbindelser med mange verdener. Deres loyalitetsnetværk er mere mystisk og mere spirituel af natur. De forstår risiciene og vanskelighederne ved at være udsat for livets virkelighed i det fysiske univers. De bevarer deres isolation, og de forbliver årvågne ved deres grænser. De søger blot at sprede deres visdom på måder, der er mindre fysiske af natur.

Du kan måske se dette udtrykt i din egen verden i de mennesker, der er de viseste, de mest begavede, der ikke søger personlige fordele ad kommercielle veje, og ikke er givet til erobring og manipulation. Jeres egen verden fortæller jer så meget. Jeres egen fortid fortæller jer så meget og illustrerer, skønt på en mindre skala, alt det, vi præsenterer for jer her.

Derfor er det vor intention, ikke bare at advare jer om alvoren i jeres situation, men hvis vi kan, at give en bedre opfattelse og forståelse af livet, hvilket I vil have brug for. Og vi har tillid til, at der vil være tilstrækkeligt mange, der hører disse ord og reagerer på Kundskabens storhed. Vi håber, at der vil være nogle, der erkender, at vort budskab ikke er her for at vække frygt og panik, men for at fremkalde ansvarlighed og en forpligtelse til bevarelsen af frihed og det gode i jeres verden.

Hvis menneskeheden skulle fejle med hensyn til at modstå Interventionen, kan vi male et billede af, hvad dette ville betyde. Vi har set det andre steder, for hver enkelt af os kom meget tæt på dette i vore egne verdener. Som del af et kollektiv ville planeten, Jorden, blive mineret for sine ressourcer, dens mennesker vil blive drevet sammen til at arbejde, og dens rebeller og vantro ville enten blive fremmedgjorte eller tilintetgjorte. Verden ville blive bevaret for sit landbrug og sine mineringsinteresser. Menneskelige samfund ville eksistere, men kun som underordnede til magter fra hinsides jeres verden. Og skulle verden udtømme sin nyttighed, skulle dens ressourcer blive taget helt, vil I blive efterladt, berøvet alt. Det støttende liv i jeres verden ville være taget fra jer; selve overlevelsesmidlerne ville være blevet stjålet. Dette er sket før, mange andre steder.

I tilfældet med denne verden, kunne kollektiverne vælge at bevare verden til fortsat anvendelse, som en strategisk post og som et biologisk depot. Men den menneskelige familie ville lide frygteligt under en sådan form for undertrykkende styre. Menneskelig befolkning ville blive reduceret. Menneskelig ledelse ville blive givet til dem, der er avlet til at lede den menneskelige race indenfor en ny orden. Menneskelig frihed, som I kender den, ville ikke længere eksistere, og I ville lide under vægten af fremmed styre, et styre, der ville være barsk og strengt.

Der er mange kollektiver i Det Større Fællesskab. Nogle er store, nogle er små. Nogle er mere etiske i deres taktik; mange er ikke. I den udstrækning, de konkurrerer med hinanden om muligheder, såsom muligheden for at styre jeres verden, kan farlige aktiviteter blive forøvet. Vi må give jer denne illustration, så I ingen tvivl vil have med hensyn til det, vi siger. Valgene, der ligger foran jer, er meget begrænsede, men meget grundlæggende.

Forstå derfor, at set fra jeres besøgendes perspektiv er I alle stammer, der bliver nødt til at blive håndteret og styret for at tjene de besøgendes interesser. Af denne grund vil jeres religioner og til en vis grad jeres sociale virkelighed blive bevaret. Men I vil miste meget. Og meget vil være tabt, før I erkender, hvad der er taget fra jer. Derfor kan vi kun råde jer til at være årvågne, ansvarlige og forpligtede med hensyn til at lære - lære om livet i Det Større Fællesskab, lære om, hvordan I bevarer jeres egen kultur og jeres egen virkelighed indenfor et større miljø, og lære at se, hvem der er her for at tjene jer og at skelne dem fra dem, der ikke er. Denne større skelneevne er der i høj grad brug for i verden, selv for at løse jeres egne vanskeligheder. Men med hensyn til jeres overlevelse og jeres velbefindende i Det Større Fællesskab er den absolut grundlæggende.

Derfor opmuntrer vi jer til at fatte mod. Vi har mere at dele med jer.

Tærskel: Et Nyt Løfte for Menneskeheden

For at forberede jer på den fremmede tilstedeværelse, der er i verden, er det nødvendigt at lære mere om livet i Det Større Fællesskab, liv, der vil omslutte jeres verden i fremtiden, liv, I vil være en del af.

Menneskehedens skæbne har altid været at dukke op i et Større Fællesskab af intelligent liv. Det er uundgåeligt og sker i alle verdener, hvor intelligent liv er sået og har udviklet sig. Til sidst ville I være kommet til at erkende, at I levede i et Større Fællesskab. Og til sidst ville I have fundet ud af, at I ikke var alene i jeres egen verden, at visitation fandt sted, og at I ville være nødt til at lære at strides med de divergerende racer, divergerende kræfter, overbevisninger og holdninger, der er fremherskende i Det Større Fællesskab, hvori I lever.

At dukke op i Det Større Fællesskab er jeres skæbne. Jeres isolation er nu ovre. Skønt jeres verden er blevet besøgt mange gange i fortiden, er jeres isolerede tilstand nu ovre. Nu er det nødvendigt for jer at erkende, at I ikke længere er alene - i universet eller endda i jeres egen verden. Denne forståelse præsenteres mere udførligt i Læren om Større Fællesskabs Spiritualitet, der præsenteres i verden i dag. Vor rolle er her at beskrive livet, som det eksisterer i Det Større Fællesskab, så I kan få en dybere forståelse af det større panorama af liv, hvori I dukker op. Det er nødvendigt for jer at kunne nærme jer denne nye virkelighed med større objektivitet, større forståelse og større visdom. Menneskeheden har levet relativt isoleret så længe, at det er naturligt for jer at antage, at resten af universet fungerer i overensstemmelse med de idéer, principper og de videnskaber, som I holder hellige og på hvilke I baserer jeres aktiviteter og jeres verdensopfattelse.

Det Større Fællesskab er mægtigt. Dets yderste grænser har aldrig været udforskede. Det er større end nogen race kan begribe. Indenfor dette storslåede skaberværk eksisterer intelligent liv på alle udviklingsstadier og i talløse udtryk. Jeres verden eksisterer i en del af Det Større Fællesskab, der er ret befolket. Der er mange områder i Det Større Fællesskab, der aldrig har været udforsket og andre områder, hvor racer lever i hemmelighed. Alt eksisterer i Det Større Fællesskab med hensyn til livets manifestationer. Og selvom livet, som vi har beskrevet det, forekommer at være vanskeligt og udfordrende, arbejder Skaberen overalt på at genvinde de adskilte gennem Kundskab.

Der kan ikke være én enkelt religion, én enkelt ideologi eller én slags regering i Det Større Fællesskab, der kan tilpasses alle racer og alle folkeslag. Så, når vi taler om religion, taler vi om Kundskabens åndelighed, for det er denne Kundskabs magt og tilstedeværelse, der holder til i alt intelligent liv – i jer, i jeres besøgende og i andre racer, I vil støde på i fremtiden.

Af denne grund bliver universel spiritualitet et stort fokuspunkt. Den bringer de fremherskende, divergerende forståelser og idéer i jeres verden sammen, og giver jeres egen spirituelle virkelighed et fælles grundlag. Men studiet af Kundskab er ikke blot opbyggende, det er livsvigtigt for overlevelse og fremskridt i Det Større Fællesskab. For at etablere og opretholde jeres frihed og uafhængighed i dette Større Fællesskab, må I have denne større evne udviklet blandt tilstrækkeligt mange mennesker i jeres verden. Kundskab er den eneste del i jer, der ikke kan manipuleres med eller påvirkes. Den er kilden til al vis forståelse og handling. Den bliver en nødvendighed i et Større Fællesskabsmiljø, hvis frihed værdsættes og hvis I gerne vil være herre over jeres egen skæbne, uden at blive integreret ind i et kollektiv eller i et andet samfund.

Så, skønt vi præsenterer en alvorlig situation i verden i dag, præsenterer vi også en stor gave og et stort løfte for menneskeheden, for Skaberen ville ikke efterlade jer uforberedte på Det Større Fællesskab, der er den største af alle tærskler, som I, som race, vil stå overfor. Vi blev også velsignet med denne gave. Den har været i vores besiddelse i mange af jeres århundreder. Vi har måttet lære den både af lyst og af nød.

Så det er faktisk Kundskabens tilstedeværelse og magt, der gør os i stand til at tale som jeres Allierede, og levere denne information, som vi giver i disse diskurser. Hvis vi aldrig havde fundet denne mægtige Åbenbaring, ville vi have været isolerede i vore egne verdener, ude af stand til at begribe de større kræfter i universet, der ville forme vor fremtid og vor skæbne. For den gave, der gives i jeres verden i dag, er blevet givet til os og ligeledes til mange andre racer, der viste sig lovende. Denne gave er især vigtig for opdukkende racer, som jeres, der er så lovende og dog så sårbare i Det Større Fællesskab.

Mens der derfor ikke kan være én enkelt religion eller ideologi i universet, er der et universelt princip, en universel forståelse og spirituel virkelighed, der er tilgængelig for alle. Den er så fuldkommen, at den kan tale til dem, der er uhyre anderledes end jer. Den taler til livets mangfoldighed i alle dets manifestationer. I, der lever i jeres verden, har nu muligheden for at lære om denne storslåede virkelighed, at opleve dens magt og dens nåde selv. Det er denne gave, vi virkeligt gerne vil forstærke, for det vil bevare jeres frihed og jeres selvbestemmelse og vil åbne døren til et større løfte i universet.

I udgangspunktet har I imidlertid modstand og en stor udfordring. Dette kræver, at I lærer en dybere Kundskab og en større bevidsthed. Skulle du reagere på denne udfordring, vil du blive begunstiget, ikke kun du, men hele din race.

Læren om Større Fællesskabs Spiritualitet præsenteres i verden i dag. Den har aldrig været præsenteret her før. Den gives gennem en person, der tjener som mellemmand og taler for denne Tradition. Den sendes ind til verden på dette kritiske tidspunkt, hvor menneskeheden må lære om sit liv i Det Større Fællesskab og om de større kræfter, der former verden i dag. Kun en lære og en forståelse fra hinsides verden kan give jer denne fordel og denne forberedelse.

I er ikke alene om at påtage jer så stor en opgave, for der er andre i universet, der påtager sig den, selv på jeres udviklingsstadie. I er kun én af mange racer, der dukker op i Det Større Fællesskab på dette tidspunkt. Hver enkelt holder et løfte og dog er hver enkelt sårbar overfor de vanskeligheder, de udfordringer og påvirkninger, der eksisterer i dette større miljø. Der er så sandelig mange racer, der har mistet deres frihed, inden den overhovedet var opnået, blot for at blive del af kollektiver eller forretningslaug eller større magters klientstater.

Vi ønsker ikke at se dette ske for menneskeheden, for det ville være et stort tab. Det er af denne grund, vi er her. Det er af denne grund, at Skaberen er aktiv i verden i dag og bringer en ny forståelse til den menneskelige familie. Det er tid for menneskeheden at indstille sine uophørlige, indbyrdes konflikter og forberede sig på livet i Det Større Fællesskab.

I lever i et område, hvor der er en hel del aktivitet udenfor jeres lille solsystems sfære. Indenfor dette område, handles der langs bestemte handelskorridorer. Verdener interagerer, konkurrerer og er sommetider i konflikt med hinanden. Muligheder søges af alle, der har kommercielle interesser. De søger ikke blot ressourcer, men også loyalitet i verdener som jeres. Nogle er del af større kollektiver. Andre bevarer deres egne alliancer i meget mindre skala. Verdener, der formår at dukke op i Det Større Fællesskab med succes, har i stor udstrækning måttet opretholde deres autonomi og selvforsyningsevne. Dette gør, at de bliver fri for at udsætte sig selv for andre kræfter, der kun ville tjene til at udnytte dem og manipulere med dem.

Det er afgjort jeres selvforsyningsevne og udviklingen af jeres forståelse samt forening, der i fremtiden bliver det mest afgørende for jeres velbefindende. Og denne fremtid ligger ikke langt forude, for jeres besøgendes indflydelse vokser allerede i jeres verden. Mange enkeltpersoner har allerede indvilliget i deres tilstedeværelse og tjener nu som deres udsendinge og mellemmænd. Mange andre enkeltpersoner tjener simpelthen som ressourcer for deres genetiske program. Dette er sket, som vi har sagt, mange gange, mange steder. Det er ikke et mysterium for os, skønt det må forekomme ubegribeligt for jer.

Interventionen er både en ulykke og en livsvigtig mulighed. Hvis I kan reagere, hvis I kan forberede jer, hvis I kan lære Større Fællesskabs Kundskab og Visdom, vil I kunne ophæve de kræfter, der blander sig i jeres verden, og opbygge grundlaget for større sammenhold mellem jeres egne folk og stammer. Vi opfordrer jer naturligvis til dette, for det vil styrke Kundskabens bånd overalt.

I Det Større Fællesskab føres der sjældent krig på stor skala. Der er hæmmende kræfter. Én grund er, at krig forstyrrer handel og udvikling af ressourcer. Som resultat, er det ikke tilladt for store nationer at handle uforsvarligt, for det hæmmer eller modarbejder andre parters mål, andre nationers og andres interesser. Borgerkrig opstår periodisk i verdener, men krigsførelse i stor skala mellem samfund og mellem verdener sker sandelig sjældent. Det er delvist af denne grund, at færdigheder i Det Mentale Miljø er blevet indført, for nationer konkurrerer med hinanden og forsøger at påvirke hinanden. Da ingen ønsker at ødelægge ressourcer eller muligheder, dyrkes disse større færdigheder og evner med forskellige grader af succes mellem mange samfund i Det Større Fællesskab. Når denne form for påvirkning er til stede, er behovet for Kundskab endnu større.

Menneskeheden er dårligt rustet til dette. Men på grund af jeres rige åndelige arv og til den grad personlig frihed eksisterer i jeres verden i dag, er der løftet om, at I vil kunne avancere i denne større forståelse, og således sikre jeres frihed og bevare den.

Der er andre restriktioner med hensyn til krigsførelse i Det Større Fællesskab. De fleste handelssamfund tilhører store laug, der har etableret love og adfærdskodeks for deres medlemmer. Disse tjener til at indskrænke manges aktiviteter, der ville søge at bruge magt for at få adgang til andre verdener og disse verdeners privatejede ressourcer. Hvis krigsførelse skulle bryde ud i stor skala, ville mange racer være nødt til at blive involverede, og dette sker ikke ofte. Vi forstår, at menneskeheden er meget krigerisk og forestiller sig konflikter i Det Større Fællesskab i form af krigsførelse, men i virkeligheden vil I se, at dette ikke er veltolereret og at andre overtalelsesveje anvendes i magtens sted.

Derfor kommer jeres besøgende ikke med store væbnende magtmidler. De kommer ikke medbringende store militære styrker, for de benytter sig af færdigheder, der har tjent dem på andre måder - færdigheder i at manipulere tanker, indskydelser og følelser i dem, de støder på. Menneskeheden er meget sårbar overfor den slags overtalelse givet dens grad af overtro, konflikter og den mistro, der er fremherskende i verden på dette tidspunkt.

For at forstå jeres besøgende, og for at forstå andre, I vil støde på i fremtiden, må I derfor etablere en mere moden tilgang med hensyn til anvendelsen af magt og indflydelse. Dette er en livsvigtig del af jeres Større Fællesskabsuddannelse. En del af denne forberedelse vil blive givet i Læren om Større Fællesskabs Spiritualitet, men I må også lære gennem direkte oplevelse.

Vi forstår, at der blandt mange mennesker på dette tidspunkt er et meget fantasifuldt syn på Det Større Fællesskab. Man tror, at de væsner, der er teknologisk avancerede, ligeledes er åndeligt avancerede, men vi kan forsikre jer om, at det ikke er tilfældet. I selv, skønt mere teknologisk avancerede nu end før, har ikke i særlig høj grad avanceret åndeligt. I har mere magt, men med magt følger nødvendigheden af større tilbageholdenhed.

Der er væsner i Det Større Fællesskab, der har langt mere magt, end I på et teknologisk niveau og selv på tankens niveau. I vil udvikle jer til at håndtere dem, men våben vil ikke være jeres fokus. For krigsførelse på en interplanetarisk skala er så ødelæggende, at alle taber. Hvad vil krigsrovet være fra denne slags konflikter? Hvilke fordele sikrer de? Når den slags konflikter opstår, foregår de faktisk i selve rummet, og sjældent i jordiske miljøer. Løbske nationer og nationer, der er ødelæggende og aggressive, bliver hurtigt modarbejdet, især hvis de befinder sig i velbefolkede områder, hvor handel foregår.

Derfor er det nødvendigt for jer at forstå konfliktens natur i universet, for det ville give jer indsigt i de besøgende og deres behov – hvorfor de fungerer, som de gør, hvorfor individuel frihed er ukendt for dem og hvorfor de sætter deres lid til deres kollektiver. Disse ting giver dem stabilitet og magt, men det gør dem også sårbare overfor de individer, der er dygtige med Kundskab.

Kundskab gør jer i stand til at tænke på hvilket som helst antal måder, handle spontant, opfatte virkeligheden hinsides det åbenlyse, og opleve fremtiden og fortiden. Den slags evner går udover det, de væsner, der kun kan følge deres kulturers system og befalinger, kan nå. Teknologisk er I langt bagud for jeres besøgende, men I har løftet om at udvikle evner i Kundskabens Vej, evner, I vil have brug for og i tiltagende grad vil være nødt til at sætte jeres lid til.

Vi ville ikke være Menneskehedens Allierede, hvis ikke vi instruerede jer med hensyn til livet i Det Større Fællesskab. Vi har set meget. Vi har stødt på mange forskellige ting. Vore verdener blev overtaget, og vi blev nødt til at genvinde vor frihed. Fra fejltagelse og fra oplevelse kender vi konfliktens og den udfordrings natur, som I står overfor i dag. Af denne grund er vi velegnede til denne mission i vor tjeneste til jer. I vil imidlertid ikke møde os, og vi vil ikke komme og møde jeres nationers ledere. Det er ikke vort formål.

I virkeligheden har I brug for så lidt indblanding som muligt, mens I har brug for stor assistance. Der er nye færdigheder for jer at udvikle, og en ny forståelse, som I må nå. Selv et venligtsindet samfund, skulle de komme til jeres verden, ville have så stor en indflydelse og så stor en indvirkning på jer, at I ville blive afhængige af dem og ikke ville opbygge jeres egen styrke, jeres egen magt og egen selvforsyningsevne. I ville blive så afhængige af deres teknologi og af deres forståelse, at de ikke ville kunne forlade jer. Og deres ankomst her ville faktisk gøre jer mere sårbare overfor indblanding i fremtiden. For I ville hige efter deres teknologi, og I ville ønske at rejse langs handelskorridorerne i Det

Større Fællesskab. Men I ville ikke være rustede og I ville ikke være vise.

Derfor befinder jeres fremtidige venner sig ikke her. Derfor kommer de ikke for at hjælpe jer. For I ville ikke blive stærke, hvis de gjorde. I ville ønske at associere jer med dem, I ville gerne lave alliancer med dem, men I ville være så svage, at I ikke ville kunne beskytte jer selv. I det væsentlige ville I blive del af deres kultur, hvilket de ikke vil have.

Måske vil mange mennesker ikke kunne forstå det, vi siger her, men med tiden vil det give perfekt mening for jer, og I vil se dets visdom og dets nødvendighed. På dette tidspunkt er I for skrøbelige, for distraherede og for konfliktfyldte til at forme stærke alliancer, selv med dem, der kunne blive jeres fremtidige venner. Menneskeheden kan endnu ikke tale med én stemme og er således blotlagt for intervention og manipulation udefra.

Idet virkeligheden af Det Større Fællesskab bliver mere kendt i jeres verden, og hvis vort budskab kan nå tilstrækkeligt mange mennesker, vil der være en voksende enighed om, at der er et større problem, som menneskeheden må se i øjnene. Det kunne skabe et nyt grundlag for samarbejde og enighed. For, hvilke mulige fordele kan en nation i jeres verden have over en anden, når hele verden er truet af Interventionen? Og hvem kunne søge at få individuel magt i et miljø, hvor fremmede kræfter blander sig? Hvis frihed skal være en virkelighed i jeres verden, må den være fælles. Den må anerkendes og være kendt. Den kan ikke kun være de få menneskers privilegie, for så vil der ingen virkelig styrke være her.

Vi forstår fra De Usete, at der allerede er mennesker, der søger verdensherredømme, fordi de tror, at de har de besøgendes velsignelser og støtte. De har de besøgendes forsikring om, at de vil blive assisteret i deres jagt efter magt. Og dog, hvad andet giver de væk, end nøglerne til deres egen frihed og deres verdens frihed? De er uvidende og uvise. De kan ikke se deres fejltagelse.

Vi forstår også, at der er nogle, der tror, at de besøgende er her som repræsentanter for en åndelig renæssance og et nyt håb for menneskeheden. Men hvordan kan de vide det, disse mennesker, der intet ved om Det Større Fællesskab? Det er deres håb og deres ønske, at dette er tilfældet, og den slags ønsker imødekommes af de besøgende, af meget indlysende grunde.

Det, vi siger her, er, at der intet mindre kan være end reel frihed i verden, reel magt og ægte sammenhold. Vi gør vort budskab tilgængeligt for alle, og vi sætter vores lid til, at vore ord kan modtages og blive alvorligt overvejede. Dog har vi ingen kontrol over jeres respons. Og verdens overtro og frygt kan muligvis sætte vort budskab udenfor manges rækkevidde. Men løftet er der stadigt. For at give jer mere, ville vi måtte overtage jeres verden, hvilket vi ikke vil. Derfor giver vi alt, hvad vi kan give, uden at blande os i jeres anliggender. Men er der mange, der gerne vil have indblanding. De vil gerne reddes eller frelses af en anden. De stoler ikke på mulighederne for menneskeheden. De tror ikke på menneskehedens medfødte styrker og evner. De vil villigt overgive deres frihed. De vil tro på det, de bliver fortalt af de besøgende. Og de vil tjene deres nye herrer, mens de tænker, at det, de bliver givet, er deres egen frigørelse.

Frihed er dyrebar i Det Større Fællesskab. Glem aldrig det. Jeres frihed, vor frihed. Og hvad er frihed andet end evnen til at følge Kundskab, den virkelighed Skaberen har givet jer, og udtrykke Kundskab og bidrage med Kundskab i alle dens manifestationer?

Jeres besøgende har ikke denne frihed. Den er dem ukendt. De ser på jeres verdens kaos, og de tror, at den orden, de vil påtvinge jer her, vil være forløsende for jer og vil redde jer fra jeres egen selvødelæggelse. Det er alt, hvad de kan give, for det er alt, hvad de har. Og de vil bruge jer, men de anser det ikke for upassende, for de bliver selv brugt og kender intet alternativ. Deres programmering, deres konditionering, er så dybtgående, at det, at nå dem på deres dybere spiritualitets niveau, kun har ringe muligheder. I har ikke styrken til at gøre dette. I må være så meget stærkere, end I er i dag, for at have en forløsende indflydelse på jeres besøgende. Og dog er deres ensformighed ikke så usædvanlig i Det Større Fællesskab. Den er meget almindelig i store kollektiver, hvor ensformighed og føjelighed er afgørende for at fungere effektivt, især over mægtige afstande i rummet.

Se derfor ikke på Det Større Fællesskab med frygt, men med objektivitet. De tilstande, vi beskriver, eksisterer allerede i jeres verden. I kan forstå disse ting. Manipulation er kendt for jer. Påvirkning er kendt for jer. I har bare aldrig stødt på dem i så stor skala, og I har heller ikke haft brug for at konkurrere med andre former for intelligent liv. Som resultat, har I endnu ikke færdighederne til at gøre det.

Vi taler om Kundskab, fordi den er jeres største evne. Uanset hvilken teknologi, I med tiden kan udvikle, er Kundskab jeres største løfte. I er århundreder bagud for de besøgende i jeres teknologiske udvikling, så I må sætte jeres lid til Kundskab. Den er den største kraft i universet, og de besøgende bruger den ikke. Den er jeres eneste håb. Det er derfor at Læren om Større Fællesskabs Spiritualitet underviser i Kundskabens Vej, leverer Trin til Kundskab og underviser i Større Fællesskabs Visdom og Indsigt. Uden denne forberedelse, ville I ikke have færdigheden eller perspektivet til at forstå jeres dilemma eller til at reagere på det effektivt. Det er for stort. Det er for nyt. Og I har ikke tilpasset jer disse nye omstændigheder.

De besøgendes indflydelse vokser for hver dag, der går. Hver enkelt person, der kan høre dette og vide dette, må lære Kundskabens Vej, Kundskabens Større Fællesskabs Vej. Den er et kald. Den er en gave. Den er en udfordring.

Under mere behagelige omstændigheder, kunne det forekomme, at behovet ikke var så stort. Men behovet er enormt, for der er ingen sikkerhed, der er intet sted at gemme sig, der er ingen steder at trække sig tilbage til, der er sikkert med hensyn til den fremmede tilstedeværelse her. Derfor er der kun to valg: I kan samtykke, eller I kan stå for jeres frihed.

Det er den store beslutning, der ligger foran hvert enkelt menneske. Dette er det store vendepunkt. I kan ikke være tåbelige i Det Større Fællesskab. Det er et for krævende miljø. Det kræver fortræffelighed, forpligtelse. Jeres verden er for meget værd. Ressourcerne her er eftertragtet af andre. Jeres verdens strategiske position agtes højt. Selv hvis I levede i en eller anden fjerntliggende verden langt fra nogen handelskorridor, langt fra alle kommercielle engagementer, ville nogen med tiden opdage jer. Dette, med tiden, er nu kommet til jer. Og det er godt i gang.

Så, fat mod. Dette er en tid for mod, ikke tid for ambivalens. Alvoren i den situation, I står overfor, bekræfter kun vigtigheden af jeres liv og af jeres reaktion, og vigtigheden af den forberedelse, der gives i verden i dag. Den er ikke blot for jeres opbyggelse og fremgang. Den er også for jeres beskyttelse og for jeres overlevelse.

Spørgsmål og Svar

V i føler, at det er vigtigt, givet den information, vi har leveret hidtil, at besvare spørgsmål, der helt sikkert vil opstå, med hensyn til vores virkelighed og det betydningsfulde i det budskab, vi er kommet for at give.

◆

"Givet manglen på fysiske beviser, hvorfor skulle folk tro på det, I fortæller dem om Interventionen?"

For det første må der være meget bevis på visitationen til jeres verden. Vi er blevet fortalt, at dette er tilfældet. Men af De Usete er vi også blevet fortalt, at folk ikke ved, hvordan de skal forstå bevismaterialet, og at de giver det deres egen betydning – en betydning, de foretrækker at give det, en betydning, der for det meste giver trøst og beroligelse. Vi er sikre på, at der er tilstrækkeligt med beviser til at verificere, at Interventionen er undervejs i verden i dag, hvis man tager sig tid til at se efter og til at undersøge sagen. Det faktum, at jeres regeringer eller religiøse ledere ikke afslører sådanne ting, er ikke ensbetydende med, at en så stor begivenhed ikke foregår i jeres midte.

◆

"Hvordan kan folk vide, at I er virkelige?"

Med hensyn til vor virkelighed, kan vi ikke demonstrere vor fysiske tilstedeværelse for jer, og derfor må I skelne betydningen og vigtigheden af vore ord. På dette tidspunkt er det ikke blot et spørgsmål om overbevisning. Det kræver en større erkendelse, en Kundskab, en genklang. Vi er overbeviste om, at de ord, vi siger, er sande, men det er ingen garanti for, at de vil blive modtaget som sådan. Vi kan ikke styre responsen på vort budskab. Der er folk, der kræver flere beviser, end det er muligt at give. For andre vil et sådant bevis ikke være nødvendigt, for de vil mærke en indre bekræftelse.

Imens forbliver vi måske en kontrovers, og dog håber vi og har tillid til, at vore ord kan blive alvorligt overvejede, og at det bevismateriale, som findes, hvilket er betragteligt, kan samles og blive forstået af de mennesker, der er villige til at give dette deres anstrengelse og fokus i livet. Fra vort perspektiv, er der intet større problem, ingen større udfordring eller anledning, der kan få jeres opmærksomhed.

Så I er i begyndelsen af en ny forståelse. Det kræver tro og selvstændighed. Mange vil afvise vore ord, simpelthen fordi de ikke kan tro på, at det er muligt, at vi eksisterer. Andre vil måske tænke, at vi er del af en form for manipulation, der kastes over verden. Vi kan ikke styre disse reaktioner. Vi kan kun afsløre vort budskab og vor tilstedeværelse i jeres liv, hvor fjern denne tilstedeværelse end kan være. Det er ikke vor tilstedeværelse her, der er af altafgørende vigtighed, men det budskab, vi er kommet for at afsløre, samt det større perspektiv og den større forståelse, vi kan give jer. Jeres uddannelse må begynde et sted. Al uddannelse begynder med ønsket om at vide.

Vi håber, at gennem vore diskurser, kan vi i det mindste få en del af jeres fortrolighed, for at begynde at afsløre det, vi er her for at tilbyde.

◆

"Hvad har I at sige til de mennesker, der anser Interventionen for at være noget positivt?"

Vi forstår først og fremmest, at der er en forventning om, at alle kræfter fra himlen er forbundet med jeres spirituelle forståelse, spirituelle traditioner og fundamentale overbevisninger. Idéen om, at der er prosaisk liv i universet er en udfordring for disse fundamentalistiske antagelser. Fra vort perspektiv og givet vore egne kulturers erfaringer, forstår vi disse forventninger. I den fjerne fortid fastholdt vi dem selv. Og dog måtte vi slippe dem i lyset af virkeligheden af Det Større Fællesskab og betydningen af visitation.

I lever i et stort fysisk univers. Det er fyldt med liv. Dette liv repræsenterer talløse manifestationer og repræsenterer også intelligensens og den spirituelle bevidstheds evolution på alle niveauer. Hvad dette betyder, er, at det, I vil støde på i Det Større Fællesskab, næsten indbefatter alle muligheder.

I er imidlertid isolerede og rejser endnu ikke i rummet. Og selv om I havde evnen til at nå andre verdener, er universet enormt, og ingen har nået at rejse fra en ende af galaksen til den anden med nogen form for hastighed. Derfor forbliver det fysiske univers enormt og ubegribeligt. Ingen har mestret dets love. Ingen har erobret dets territorier. Ingen kan hævde fuld dominans eller kontrol. På denne måde har livet en fremragende virkning til at gøre en ydmyg. Dette er sandt endog langt hinsides jeres grænser.

Udfra dette, skulle I komme til at forvente, at I vil møde intelligenser, der repræsenterer gode kræfter, ignorante kræfter og de kræfter, der er mere neutrale med hensyn til jer. Men i Det Større Fællesskabs rejse- og udforskningsrealiteter, vil opdukkende racer som jeres, næsten uden undtagelse, støde på ressourcesøgere, kollektiver og de væsener, der søger fordele for sig selv, som den første kontakt med Større Fællesskabsliv.

Hvad den positive fortolkning af visitation angår, er menneskelig forventning og den naturlige trang til at byde et godt udfald velkommen og søge hjælp fra Det Større Fællesskab til at løse problemer, som menneskeheden endnu ikke selv har kunnet løse. Det er almindeligt at forvente disse ting, især når man betænker, at jeres besøgende har større evner end I. En stor del af problemet med at tolke denne vældige visitation har imidlertid at gøre med selve de besøgendes vilje og agenda. For de opmuntrer folk overalt til at anse deres tilstedeværelse her for at være helt igennem gavnlig for menneskeheden og for menneskehedens behov.

◆

"Hvis denne Intervention er så godt i gang, hvorfor kom I så ikke tidligere?"

På et tidligere tidspunkt, for længe siden, kom adskillige af jeres allieredes grupper på besøg til jeres verden i et forsøg på at give et håbets budskab, for at ruste menneskeheden. Men, ak, deres budskaber kunne ikke blive forstået og blev misbrugt af de få mennesker, der kunne tage imod dem. I kølvandet på disses ankomst, har de besøgende fra kollektiverne ophobet sig og forsamlet sig her. Vi vidste, at dette ville ske. For jeres verden er alt for meget værd til at blive overset, og, som vi har sagt, ligger den ikke i en tilbagetrukket og fjern del af universet. Jeres verden er blevet observeret længe af de væsener, der vil kunne søge at bruge den til deres egen fordel.

◆

"Hvorfor kan vore allierede ikke standse Interventionen?"

Vi er her kun for at observere og for at rådgive. De større beslutninger, menneskeheden står overfor, ligger i jeres hænder. Ingen andre kan træffe disse beslutninger for jer. Selv ikke jeres fremragende venner fra hinsides verden ville blande sig, for gjorde de det, ville det forårsage krigsførelse, og jeres verden ville blive en slagmark for modsatrettede kræfter. Og skulle jeres venner sejre, ville I blive fuldstændigt afhængige af dem, ude af stand til at forsvare jer selv eller opretholde jeres egen sikkerhed i universet. Vi kender ingen venligsindet race, der ville søge at bære denne byrde. Og i sandhed ville det heller ikke tjene jer. For I ville blive en anden magts klientstat og ville være nødt til at blive styret langvejsfra. Det er på ingen måde gavnligt for jer, og af denne grund sker dette ikke. Dog vil de besøgende tildele sig selv denne rolle, som menneskehedens frelsere og reddere. De vil benytte sig af jeres naivitet. De vil drage fordele af jeres forventninger, og de vil søge at drage fuld fordel af jeres tillid.

Det er derfor vort oprigtige ønske, at vore ord kan tjene som modgift til deres tilstedeværelse og til deres manipulation og deres misbrug. For jeres rettigheder krænkes. Jeres territorium infiltreres. Jeres regeringer bliver overtalt. Og jeres religiøse ideologier og tilskyndelser bliver omdirigeret.

Der må være en stemme for sandhed, hvad dette angår. Og vi kan kun have tillid til, at I kan tage imod denne sandhedens stemme. Vi kan kun håbe på, at overtalelsen ikke er gået for vidt.

◆

"Hvilke realistiske mål, kan vi sætte, og hvad er bundlinjen med henblik på at redde menneskeheden fra at miste sin selvbestemmelse?"

Det første trin er opmærksomhed. Mange mennesker må blive bevidste om, at Jorden bliver besøgt, og at fremmede magter er her og opererer i smug og søger at skjule deres dagsorden og det, de bestræber sig på, fra menneskelig forståelse. Det må stå meget klart, at deres tilstedeværelse her er en stor udfordring for menneskelig frihed og selvbestemmelse. Den dagsorden, de viderefører, og det Pacificeringsprogram, de sponsorerer, må bekæmpes med nøgternhed og visdom med hensyn til deres tilstedeværelse. Denne modstand må ske. Der er mange mennesker i verden i dag, der kan forstå dette. Derfor er opmærksomhed det første trin.

Det næste trin er uddannelse. Det er nødvendigt for mange mennesker i forskellige kulturer og i forskellige nationer at lære om livet i Det Større Fællesskab og begynde at begribe, hvad I vil have med at gøre og har med at gøre, selv i dette øjeblik.

Derfor er realistiske mål opmærksomhed og uddannelse. Disse to ting vil i sig selv være en hindring for de besøgendes dagsorden i verden. Nu opererer de med meget lille modstand. De støder kun på få forhindringer. Alle de mennesker, der søger at se dem som "menneskehedens allierede" må lære, at dette ikke er tilfældet. Måske vil vore ord ikke være tilstrækkelige, men de er en begyndelse.

◆

"Hvor kan vi finde denne uddannelse?"

Uddannelsen kan findes i Kundskabens Større Fællesskabs Vej, der præsenteres i verden på dette tidspunkt. Skønt den præsenterer en ny forståelse om livet og spiritualitet i universet, er den forbundet med alle de ægte spirituelle veje, der allerede findes i jeres verden – spirituelle veje, der værdsætter menneskelig frihed og betydningen af sand spiritualitet, og som værdsætter samarbejde, fred og harmoni i den menneskelige familie. Derfor kalder læren i Kundskabens Vej alle de store sandheder, der allerede findes i jeres verden, frem, og giver dem en større sammenhæng og en større arena at udtrykke sig i. På denne måde erstatter den Større Fællesskabs Kundskabs Vej ikke verdens religioner, men giver en større kontekst, hvori de virkeligt kan give mening og være relevante for jeres tid.

◆

"Hvordan overbringer vi jeres budskab til andre?"

Sandheden lever i hvert enkelt menneske på dette tidspunkt. Hvis du kan tale til sandheden i en person, vil den blive stærkere og begynde at genlyde. Vort store håb, De Usetes håb, de åndelige kræfter, der tjener jeres verden, og de væseners håb, der værdsætter menneskelig frihed og gerne vil se jeres fremkomst i Det Større Fællesskab ske med succes, beror på denne sandhed, der lever i hver enkelt person. Vi kan ikke tvinge denne bevidsthed ned over jer. Vi kan kun afsløre den for jer og stole på Kundskabens storhed, som Skaberen har givet jer, der kan gøre dig og andre i stand til at reagere.

◆

"Hvori ligger menneskehedens styrke med henblik på at gå imod Interventionen?"

Allerførst forstår vi fra at observere jeres verden og fra det, De Usete har fortalt os med hensyn til de ting, vi ikke kan se, at der, på trods af store problemer i verden, er tilstrækkelig menneskelig frihed til at give jer et grundlag, hvorfra at modarbejde Interventionen. Dette står i modsætning til mange andre verdener, hvor individuel frihed ikke var etableret til at begynde med. Idet disse verdener støder på fremmede kræfter i deres midte og virkeligheden af Større Fællesskabs liv, er deres mulighed for at etablere frihed og uafhængighed meget begrænset.

Derfor har I en stor styrke i, at menneskelig frihed er kendt i jeres verden og praktiseres af mange, skønt måske ikke af alle. I ved, at I har noget at miste. I værdsætter, hvad I allerede har, i den grad, det er etableret. I vil ikke gerne styres af fremmede magter. I vil endda ikke gerne styres med barsk hånd af menneskelige autoriteter. Derfor er dette en begyndelse.

Dernæst, da jeres verden har rige åndelige traditioner, der har næret Kundskab i den enkelte og næret menneskeligt samarbejde og menneskelig forståelse, er Kundskabens virkelighed allerede etableret. Igen, i andre verdener, hvor Kundskab aldrig er blevet etableret, viser muligheden sig for at etablere den på vendepunktet for fremkomsten i Det Større Fællesskab lidet håb for succes. Kundskab er stærk nok i tilstrækkeligt mange

mennesker, så de vil kunne lære om virkeligheden af liv i Det
Større Fællesskab og begribe, hvad der foregår i deres midte på
dette tidspunkt. Det er af denne grund vi er håbefulde, for vi
stoler på menneskelig visdom. Vi stoler på, at folk kan hæve sig
over egoisme, selvoptagethed og selvbeskyttelse, for at se på livet
på en større måde og mærke et større ansvar i tjeneste til deres
egen slags.

Måske er vor tiltro ubegrundet, men vi stoler på, at De Usete
har rådet os viseligt, hvad dette angår. Som resultat, har vi udsat
os selv for fare ved at opholde os i nærheden af jeres verden
og bevidne begivenheder udenfor jeres grænser, der har direkte
forbindelse til jeres fremtid og skæbne.

Menneskeheden er meget lovende. I er i stigende grad
bevidste om problemer i verden – manglen på samarbejde mellem
nationer, forringelsen af jeres naturlige miljø, jeres svindende
ressourcer og så videre. Hvis disse problemer ikke var kendte
for jeres folk, hvis disse virkeligheder havde været holdt skjult
for jeres folk i så høj grad, at folk ikke havde nogen idé om
eksistensen af disse ting, så ville vi ikke være så håbefulde. Men,
realiteten forbliver den, at menneskeheden har potentialet og
løftet om at modvirke enhver intervention i verden.

◆

"Vil denne Intervention blive en militær invasion?"

Som vi har sagt, er jeres verden for værdifuld til at anspore
til militær invasion. Ingen, der besøger jeres verden, ønsker at

ødelægge dens infrastruktur eller dens naturlige ressourcer. Det er af denne grund, at de besøgende ikke ønsker at tilintetgøre menneskeheden, men i stedet at engagere menneskeheden i tjeneste til deres kollektiver.

Det er ikke militær invasion, der truer jer. Det er forledelses- og overtalelsesmagten. Denne magt vil blive bygget på jeres egen svaghed, på jeres egen egoisme, på jeres ignorance med hensyn til livet i Det Større Fællesskab og på jeres blinde optimisme, hvad angår jeres fremtid og betydningen af liv udenfor jeres grænser.

For at modarbejde dette, sørger vi for uddannelse, og vi taler om forberedelsesværktøjer, der sendes til verden på dette tidspunkt. Hvis I ikke allerede kendte til menneskelig frihed, hvis I ikke allerede var opmærksomme på de problemer, der er endemiske i jeres verden, ville vi ikke betro jer en sådan forberedelse. Og vi ville ikke stole på, at vore ord ville genlyde med sandheden om det, I ved.

◆

"Kan I påvirke mennesker ligeså kraftfuldt som de besøgende,
   men for det gode?"

Vor hensigt er ikke at påvirke enkeltpersoner. Vor hensigt er kun at præsentere de problemer og den virkelighed, som I dukker op i. De Usete tilvejebringer de egentlige forberedelsesværktøjer, for de kommer fra Gud. I dette påvirker De Usete enkeltpersoner for det gode. Men der er begrænsninger. Som vi har sagt, er det jeres selvbestemmelse, der må styrkes. Det er jeres magt, der må tiltage. Det er jeres samarbejde i den menneskelige familie, der må understøttes.

Der er grænser for, hvor meget hjælp vi kan give. Vor gruppe er lille. Vi vandrer ikke iblandt jer. Derfor må den større forståelse af jeres nye virkelighed deles fra person til person. Den kan ikke påtvinges jer af en fremmed magt, selv hvis det var for jeres eget bedste. I så fald ville vi ikke støtte jeres frihed og selvbestemmelse, hvis vi sponsorerede et sådant overtalelsesprogram. Her kan I ikke være som børn. I må blive modne og ansvarlige. Det er jeres frihed, der står på spil. Det er jeres verden, der står på spil. Det er jeres samarbejde med hinanden, der er nødvendig.

I har nu en stor grund til at forene jeres race, for ingen af jer vil få nogen fordel uden den anden. Ingen nation vil få nogen fordel, hvis en anden nation falder under fremmed kontrol. Menneskelig frihed må være fuldkommen. Samarbejdet må ske i hele jeres verden. For nu er alle i samme situation. De besøgende favoriserer ikke én gruppe frem for en anden, én race frem for en anden, én nation frem for en anden. De søger blot den mindste modstands vej for at etablere deres tilstedeværelse og deres dominans over jeres verden.

◆

"Hvor udbredt er deres infiltration af menneskeheden?"

De besøgende har en betragtelig tilstedeværelse i de mest avancerede nationer i jeres verden, især i nationerne i Europa, Rusland, Japan og Amerika. Disse anses for at være de stærkeste nationer, der har den største magt og indflydelse. Det er der, de besøgende vil koncentrere sig. Men de tager imidlertid folk over hele verden, og de viderefører deres Pacificeringsprogram gennem alle de mennesker, de tilfangetager, hvis disse enkeltpersoner kan reagere på deres indflydelse. Derfor er de besøgendes tilstedeværelse verdensomspændende, men de koncentrerer sig om de mennesker, som de håber vil blive deres allierede. Det drejer sig om lederne af nationer og regeringer samt religiøse ledere, der har mest magt over menneskelig tanke og overbevisning.

◆

"Hvor meget tid har vi?"

Hvor meget tid har I? I har nogen tid, hvor meget, kan vi ikke sige. Men vi kommer med et hastebudskab. Dette er ikke et problem, der blot kan undgås eller fornægtes. Fra vort perspektiv, er det den vigtigste udfordring, menneskeheden står overfor. Den er yderst bekymrende, af første prioritet. I er sene med henblik på at forberede jer. Dette blev forårsaget af mange faktorer hinsides vor kontrol. Men der er tid, hvis I kan reagere. Udfaldet er uvist, og dog er der stadigt håb for jeres succes.

◆

"Hvordan kan vi fokusere på denne Intervention givet det enorme omfang af andre problemer, der sker lige nu?"

For det første føler vi, at der ingen andre problemer er i verden, der er ligeså vigtige som dette. Fra vort perspektiv, vil det I kan løse selv kun have lidt betydning i fremtiden, hvis I mister jeres frihed. Hvad kunne I håbe på at vinde? Hvad kunne I håbe på at opnå eller sikre, hvis I ikke var frie i Det Større Fællesskab? Alt det, I har opnået, ville blive givet til jeres nye herskere; al jeres rigdom ville blive overrakt dem. Og skønt jeres besøgende ikke er ondskabsfulde, er de fuldstændigt dedikeret til deres dagsorden. I værdsættes kun for så vidt, I kan være nyttige for deres sag. Det er af denne grund, at vi ikke føler, at der er andre problemer, som menneskeheden står overfor, der er ligeså vigtige som dette.

◆

"Hvem vil sandsynligvis reagere på denne situation?"

Med hensyn til hvem der kan reagere, er der mange mennesker i verden i dag, der har en iboende kundskab om Det Større Fællesskab og som er følsomme overfor det. Der er mange andre, der allerede er blevet taget af de besøgende, men ikke har overgivet sig til dem eller til deres overtalelse. Og der er endnu mange andre, der er bekymrede for menneskehedens fremtid, og som er bevidste om de farer, menneskeheden står overfor, selv indenfor jeres egen verden. Folk i alle eller én af disse tre kategorier kan være blandt de første til at reagere på Det Større Fællesskabs virkelighed og på forberedelsen på Det Større Fællesskab. De kan komme fra ethvert samfundslag, fra enhver nation, fra enhver religiøs baggrund eller fra enhver økonomisk gruppe. De befinder sig i bogstaveligste forstand over hele verden. Det er disse mennesker og deres reaktion, som de fremragende Åndelige Magter, der beskytter og fører tilsyn med menneskelig velfærd, er afhængige af.

◆

"I nævner, at enkeltpersoner tages over hele verden. Hvordan kan folk beskytte sig selv og andre imod at blive bortført?"

Des stærkere du kan være med Kundskab og bevidst om de besøgendes tilstedeværelse, desto mindre vil du være et attraktivt emne for deres studier og manipulation. Des mere du bruger dine møder med dem til at få indsigt i dem, desto større fare udgør du. Som vi har sagt, søger de den mindste modstands vej. De ønsker individer, der er føjelige og overgivende. De ønsker de mennesker, der forårsager dem få problemer og liden bekymring.

Men, når du bliver stærk med Kundskab, vil du være udenfor deres kontrol, for nu kan de ikke fange dit sind eller dit hjerte. Og med tiden vil du få opfattelsesevnen til at se ind i deres sind, hvilket de ikke ønsker. Så bliver du en fare for dem, en udfordring for dem, og de vil undgå dig, hvis de kan.

De besøgende prøver på ikke at blive afsløret. De har ingen ønsker om konflikt. De er overdrevent sikre på, at de kan nå deres mål, uden alvorlig modstand fra den menneskelige familie. Men, når én gang denne modstand er opbudt, når én gang Kundskabens magt vågner i den enkelte, står de besøgende overfor en langt mere frygtindgydende forhindring. Deres intervention her bliver hindret og mere vanskelig at nå. Og deres overtalelse af mennesker i magtstillinger bliver vanskeligere at nå. Derfor er det den enkeltes reaktion og pligtfølelse overfor sandheden, der er altafgørende her.

Vær opmærksom på de besøgendes tilstedeværelse. Giv ikke efter for overbevisningen om, at deres tilstedeværelse her er af en åndelig natur, eller at den vil betyde store fordele eller frelse for menneskeheden. Modstå denne overtalelse. Genvind din egen indre autoritet, den fremragende gave, Skaberen har givet dig. Bliv en styrke, man kan regne med, hvad angår enhver, der vil forbryde sig imod eller nægte dig dine grundlæggende rettigheder.

Dette er Spirituel Magt, der udtrykkes. Det er Skaberens Vilje, at menneskeheden skulle dukke op i Det Større Fællesskab forenet i sig selv og fri for fremmed intervention og dominans. Det er Skaberens Vilje, at I skal forberede jer på en fremtid, der ikke vil ligne fortiden. Vi er her i Skaberens tjeneste, og således tjener vor tilstedeværelse og vore ord dette formål.

◆

"Hvis de besøgende møder modstand i menneskeheden eller i
bestemte enkeltpersoner, vil de så komme i større tal, eller
vil de drage af sted?"

Deres antal er ikke stort. Hvis de skulle møde betydelig modstand, ville de være nødt til at give efter og lave nye planer. De er helt sikre på, at deres mission kan blive opfyldt, uden alvorlige hindringer. Men skulle alvorlige hindringer opstå, ville deres intervention og overtalelse blive forhindret, og de ville være nødt til at finde andre måder at få kontakt med menneskeheden.

Vi har tillid til, at den menneskelige familie kan opbyde tilstrækkelig modstand og tilstrækkelig konsensus til at opveje deres indflydelser. Det er på dette, vi baserer vort håb og vore anstrengelser.

◆

"Hvad er de vigtigste spørgsmål, vi må stille os selv og andre,
angående dette problem med fremmed infiltration?"

Måske er de mest kritiske spørgsmål at stille jer selv følgende, "Er vi mennesker alene i universet eller i vor egen verden? Bliver vi besøgt på nuværende tidspunkt? Er denne visitation gavnlig for os? Har vi brug for at forberede os?"

Dette er meget grundlæggende spørgsmål, men de må stilles. Der er imidlertid mange spørgsmål, der ikke kan besvares, for I ved ikke nok om livet i Det Større Fællesskab, og I er endnu ikke sikre på, at I formår at modvirke disse indflydelser. Der mangler mange ting i menneskelig uddannelse, som primært er fokuseret på fortiden. Menneskeheden dukker op fra en langvarig tilstand af relativ isolation. Dens uddannelse, dens værdier og dens institutioner blev alle anlagt i denne isolerede tilstand. Men nu er jeres isolation ovre, for altid. Det har altid været kendt, at dette ville ske. Det var uundgåeligt, at det ville være tilfældet. Derfor træder jeres uddannelse og jeres værdier ind i en ny sammenhæng, til hvilke de må tilpasses. Og tilpasningen må ske hurtigt, på grund af Interventionens natur i verden i dag.

Der vil være mange spørgsmål, som I ikke kan besvare. I vil være nødt til at leve med dem. Jeres uddannelse om Det Større Fællesskab er kun i sin spæde begyndelse. I må tilgå den med stor nøgternhed og omhu. I må modvirke jeres egne tendenser til at prøve at gøre situationen behagelig eller forsikrende. I må udvikle en objektivitet om livet, og I må se udover jeres egen personlige interessesfære, for at sætte jer selv i en position, hvor I kan reagere på de større kræfter og begivenheder, der former jeres verden og jeres fremtid.

◆

"Hvad så, hvis ikke tilstrækkeligt mange mennesker kan reagere?"

Vi har tiltro til, at tilstrækkeligt mange mennesker kan respondere og begynde på deres betydelige uddannelse om livet i Det Større Fællesskab for at give den menneskelige familie et løfte og håb. Hvis ikke dette kan opnås, så må de mennesker, der værdsætter deres frihed og som har denne uddannelse, trække sig tilbage. De vil være nødt til at holde Kundskab i live i verden, idet verden falder under fuldkommen kontrol. Dette er et meget alvorligt alternativ, og dog er det sket i andre verdener. Rejsen tilbage til frihed fra denne position er ret vanskelig. Vi håber, at dette ikke vil blive jeres lod, og derfor er vi her og giver jer denne information. Som vi har sagt, er der tilstrækkeligt mange mennesker i verden, der kan reagere, for at udligne de besøgendes hensigter og hindre deres indflydelse på menneskelige anliggender og menneskelige værdier.

◆

"I taler om andre verdener, der dukker op i Det Større Fællesskab. Kan I tale om succeser og fiaskoer, der kan have betydning for vor situation?"

Der har været succeser, for ellers ville vi ikke være her. I mit tilfælde, som fortaler for vores gruppe, var vores verden allerede i høj grad blevet infiltreret, før vi indså den forhåndenværende situation. Vores uddannelse blev foranlediget af ankomsten af en gruppe, som os selv, der gav indsigt og information om vor situation. Vi havde fremmede ressourcehandlere i vores verden, der interagerede med vores regering. De mennesker, der havde magt på det tidspunkt, blev overtalt til at handel og kommers ville være gavnligt for os, for vi var begyndt at opleve ressourcesvind. Skønt vores race var forenet, i modsætning til jeres, begyndte vi at blive fuldstændigt afhængige af den nye teknologi og muligheder, der blev præsenteret for os. Og dog, mens dette stod på, skete der et skift i magtcenteret. Vi var ved at blive klienterne. De besøgende var ved at blive leverandørerne. Som tiden gik, blev vilkår og begrænsninger lagt over os, diskret i begyndelsen.

Vores religiøse fokus og vores overbevisninger blev også influeret af de besøgende, der viste interesse i vores åndelige værdier, men som gerne ville give os en ny forståelse, en forståelse baseret på det kollektive, baseret på samarbejde mellem sind, der hver især, men samlet, tænkte ens. Dette blev præsenteret for vores race, som et udtryk for åndelighed og præstation. Nogle blev overbeviste, og dog, fordi vi blev givet gode råd af vores allierede fra hinsides vores verden, allierede, som os selv, begyndte vi at opbyde en modstandsbevægelse og blev med tiden i stand til at tvinge de besøgende til at forlade vores verden.

Siden da har vi lært en hel del om Det Større Fællesskab. Den handel, vi bevarer, er meget selektiv, med kun nogle få andre nationer. Vi har kunnet undgå kollektiverne, og det har bevaret vores frihed. Og dog var vores succes vanskelig at nå, for der var mange af os, der måtte dø i lyset af denne konflikt. Vores er en succeshistorie, men ikke uden omkostninger. Der er andre i vores gruppe, der har oplevet lignende vanskeligheder i deres interaktion med intervenerende kræfter i Det Større Fællesskab. Og dog, fordi vi med tiden lærte at rejse udenfor vores grænser, opnåede vi alliancer med hverandre. Vi blev i stand til at lære, hvad åndelighed betyder i Det Større Fællesskab. Og De Usete, der også tjener vores verden, hjalp os i denne henseende til at foretage den store transition fra isolation til Større Fællesskabsbevidsthed.

Dog har der været mange fiaskoer, vi kender til. Kulturer, i hvilke de indfødte folk ikke havde etableret personlig frihed eller ikke havde smagt på samarbejdets frugter, skønt de teknologisk avancerede, ikke havde grundlaget for at etablere deres egen uafhængighed i universet. Deres evne til at stå imod kollektiverne var meget begrænset. Ansporet af løfter om større magt, bedre teknologi og mere rigdom, og ansporet af de tilsyneladende fordele af handel i Det Større Fællesskab, forlod disses magtcentrum deres verden. Til sidst blev de fuldstændigt afhængige af dem, der forsynede dem og som opnåede kontrol over deres ressourcer og over deres infrastrukturer.

I kan afgjort forestille jer, hvordan dette kunne blive tilfældet. Selv i jeres egen verden, ifølge jeres historie, har I set mindre nationer falde under større nationers dominans. I kan se dette selv i dag. Så derfor er disse idéer ikke helt fremmede for jer. I Det Større Fællesskab vil den stærke, ligesom i jeres verden, dominere den svage, hvis de kan. Dette er en af livets virkeligheder overalt. Og det er af denne grund vi opmuntrer jeres bevidsthed og tilskynder jer til at forberede jer, så I må blive stærke og jeres selvbestemmelse må vokse.

Det kan være en alvorlig skuffelse for mange at forstå og at lære, at frihed er sjælden i universet. Idet nationer bliver stærkere og mere teknologiske, kræver de mere og mere ensformighed og føjelighed blandt deres folk. Idet de bygger bro til Det Større Fællesskab og involveres i Større Fællesskabsanliggender, mindskes tolerancen for individuelt udtryk til det punkt, hvor store nationer, der har rigdom og magt, styres med en strenghed og en nøjeregnende holdning, som I ville finde afskyelig.

Her må I lære, at teknologisk avancement og åndeligt avancement ikke er det samme, en lektie, menneskeheden endnu har at lære, og som I må lære, hvis I skal udøve jeres naturlige visdom i disse sager.

Jeres verden værdsættes højt. Den er biologisk rig. I sidder på en skat, som I må beskytte, hvis I skal være dens forvaltere og dens begunstigede. Tænk på de folk i jeres verden, der har mistet deres frihed, fordi de boede et sted, der af andre ansås for at være værdifuld. Nu er det således hele den menneskelige familie, der er bragt i fare.

◆

"Da de besøgende er så dygtige til at projicere tanker og påvirke menneskers Mentale Miljø, hvordan kan vi så sikre os, at det, vi ser, er virkeligt?"

Det eneste grundlag for en vis opfattelse er ved at dyrke Kundskab. Hvis man kun tror på, hvad man ser, vil man kun tro på, hvad man bliver vist. Der er mange, er vi blevet fortalt, der har denne opfattelse. Dog har vi lært, at de Vise overalt må få en større vision og en større skelneevne. Det er sandt, at jeres besøgende kan projicere billeder af jeres helgener og af jeres religiøse skikkelser. Skønt dette ikke ofte praktiseres, kan det bestemt bruges til at fremkalde forpligtelse og dedikation blandt de mennesker, der allerede er givet til sådanne overbevisninger.

Her bliver jeres spiritualitet et sårbart område, hvor Visdom må udøves.

Men Skaberen har givet jer Kundskab som grundlag for sand skelnen. I kan vide, hvad I ser, hvis I spørger jer selv, om det er virkeligt. Dog, for at gøre det, må I have dette grundlag, og derfor er læren om Kundskabens Vej så grundlæggende for at lære Større Fællesskabs Spiritualitet. Uden Kundskabens Vej vil folk tro på, hvad de har lyst til at tro på, og de vil sætte deres tillid til, hvad de ser og hvad de bliver vist. Og deres potentiale for frihed vil allerede være gået tabt, for det fik fra begyndelsen aldrig lov at blomstre.

◆

"I taler om, at holde Kundskab i live. Hvor mange skal der til, for at holde Kundskab i live i verden?"

Vi kan ikke give jer et antal, men det må være stort nok til at generere en stemme i jeres egne kulturer. Hvis dette budskab kun kan blive modtaget af nogle få, vil de ikke have denne stemme eller denne styrke. Her må de dele deres visdom med andre. Den kan ikke blot være for deres egen opbyggelse. Mange flere må lære om dette budskab, mange flere end dem, der kan tage imod det i dag.

◆

"Ligger der en fare i at præsentere dette budskab?"

Der er altid en fare forbundet med at præsentere sandheden, ikke blot i jeres verden, men andre steder. Folk får fordele af omstændighederne, som de aktuelt foreligger. De besøgende vil tilbyde fordele til dem i magtstillinger, der kan tage imod dem, og som ikke er stærke med Kundskab. Folk vænner sig til disse fordele og bygger deres liv op omkring dem. Dette gør dem immune eller endda fjendtlige overfor præsentationen af sandhed, der forlanger deres ansvarlighed i andres tjeneste, og som kan true grundlaget for deres rigdom og for det, de har opnået.

Det er grunden til, at vi er skjulte og ikke vandrer i jeres verden. De besøgende ville med sikkerhed tilintetgøre os, hvis de kunne finde os. Men menneskeheden kunne ligeledes søge at tilintetgøre os, på grund af det, vi præsenterer, på grund af udfordringen og den nye virkelighed, vi demonstrerer. Ikke alle er parate til at tage imod sandheden, skønt den i høj grad er nødvendig.

◆

"Kan enkeltpersoner, der er stærke med Kundskab, influere de besøgende?"

Chancen for succes er her meget begrænset. I har at gøre med et kollektiv af væsener, der er avlet til at være føjelige, hvis hele liv og oplevelse er indhyllet i og frembragt af en kollektiv mentalitet. De tænker ikke for sig selv. Af denne grund føler vi ikke, at I kan influere dem. Der er kun få i den menneskelige familie, der har styrken til at gøre dette, og selv her ville muligheden for succes være meget begrænset. Så svaret må være "Nej." I alle praktiske henseender, kan I ikke overvinde dem.

◆

"Hvordan er kollektiver anderledes end en forenet menneskehed?"

Kollektiver består af forskellige racer og af de væsener, der er avlet til at tjene disse racer. Mange af de væsener, folk støder på i verden, er avlet af kollektiverne til at være tjenere. Deres genetiske arv er for længst gået tabt for dem. De er avlet til at tjene, ligesom I avler dyr til at tjene jer. Det menneskelige samarbejde, vi taler for, er et samarbejde, der bevarer den enkeltes selvbestemmelse og giver en stærk position, hvorfra menneskeheden kan interagere, ikke blot med kollektiverne, men med andre, der i fremtiden vil besøge jeres kyster.

Et kollektiv er baseret på én overbevisning, ét sæt principper og én autoritet. Det lægger vægten på fuldkommen loyalitet til en idé eller til et ideal. Dette skyldes ikke blot jeres besøgendes uddannelse, men ligeledes deres genetiske kode. Det er grunden til, at de opfører sig på den måde, de gør. Dette er både deres styrke og deres svaghed. De har megen styrke i det Mentale Miljø, fordi deres sind er forenede. Men de er svage, fordi de ikke kan tænke for sig selv. De kan ikke håndtere kompleksiteter eller modstand særlig godt. En Kundskabens mand eller kvinde vil være ubegribelig for dem.

Menneskeheden må forene sig for at bevare sin frihed, men dette er en meget anden etablering end oprettelsen af et kollektiv. Vi kalder dem for "kollektiver," fordi de er kollektiver af forskellige racer og nationaliteter. Kollektiver består ikke af én race. Skønt der er mange racer i Det Større Fællesskab, der regeres af en dominerende autoritet, er et kollektiv en organisation, der strækker sig udover en races loyalitet til sin egen verden.

Kollektiver kan have stor magt. Dog, fordi der er mange kollektiver, har de en tendens til at konkurrere indbyrdes, hvilket forebygger, at en af dem bliver dominerende. Tilmed har forskellige nationer i Det Større Fællesskab langvarige indbyrdes stridigheder, der er vanskelige at bygge bro over. Måske har de konkurreret længe om de samme ressourcer. Måske konkurrerer de indbyrdes om at sælge de ressourcer, de har. Men et kollektiv er en anden sag. Som vi siger her, er det ikke baseret på én race og én verden. De er resultatet af erobring og dominans. Derfor består jeres besøgende af forskellige racer af væsener på forskellige autoritets- og kommando-niveauer.

◆

"I andre verdener, hvor forening er lykkedes, har de dér bevaret deres individuelle tankefrihed?"

I forskellige grader. Nogle i meget høj grad, andre i mindre, afhængigt af deres historie, deres psykologiske sammensætning og behovene med hensyn til deres egen overlevelse. Jeres liv i verden har været relativt let sammenlignet med, hvor andre racer har udviklet sig. De fleste steder, hvor intelligent liv eksisterer, er blevet koloniseret, for der er ikke mange jordbaserede planeter, som jeres, der yder en så stor rigdom af biologiske ressourcer. Deres frihed afhang for en stor del af deres miljøers rigdom. Men de har alle vellykket forhindret fremmed infiltration og har etableret deres egne handels-, kommers- og kommunikationslinjer baseret på deres selvbestemmelse. Dette er en sjælden præstation, som må fortjenes og beskyttes.

◆

"Hvad skal der til for at opnå menneskeligt sammenhold?"

Menneskeheden er meget sårbar i Det Større Fællesskab. Denne sårbarhed kan med tiden nære et grundlæggende samarbejde i den menneskelige familie, for I må slutte jer sammen og blive forenede for at overleve og gøre fremskridt. Det er del af at have en Større Fællesskabsbevidsthed. Hvis dette samarbejde er baseret på det menneskelige bidrags – og på frihedens – og selvudtrykkets principper, kan jeres selvforsyningsevne blive meget stærk og meget rig. Men der må være mere samarbejde i verden. Folk kan ikke leve for sig selv alene eller sætte deres egne personlige mål over og hinsides alle andres behov. Nogle kan betragte dette som et tab af frihed. Vi betragter det som en garanti for fremtidig frihed. Givet de holdninger, der aktuelt er fremherskende i verden i dag, vil jeres fremtidige frihed være meget vanskelig at sikre og bevare. Hør efter. De mennesker, der er drevet af deres egen egoisme, er de perfekte kandidater for fremmed indflydelse og manipulation. Hvis disse mennesker sidder i magtstillinger, vil de overgive deres nations rigdom, deres nations frihed og deres nations ressourcer for selv at få fordele.

Derfor er et større samarbejde påkrævet. Det kan I bestemt godt se. Det er afgjort tydeligt, selv i jeres egen verden. Men dette er meget anderledes end kollektivernes liv, hvor racer er blevet dominerede og kontrollerede, hvor dem, der er føjelige, bringes ind i kollektiverne og dem, der ikke er, fremmedgøres eller tilintetgøres. Denne form for samfundssystem, selvom den kan have betydelig indflydelse, kan ikke være gavnlig for dens medlemmer. Og dog er det denne vej, mange i Det Større Fællesskab har taget. Vi ønsker ikke at se menneskeheden falde ind i denne form for organisation. Det ville være en stor tragedie og et tab.

◆

"Hvordan skiller det menneskelige perspektiv sig ud fra jeres?"

En af forskellene er, at vi har udviklet et Større Fællesskabsperspektiv, der er en mindre selvcentreret måde at se verden på. Det er et synspunkt, der giver stor klarhed og kan give stor vished med hensyn til de mindre problemer, som I står overfor i jeres daglige anliggender. Hvis I kan løse et stort problem, kan I løse mindre problemer. I har et stort problem. Hvert eneste menneske i verden står overfor dette store problem. Det kan forene jer og gøre jer i stand til at overvinde jeres langvarige forskelligheder og konflikter. Så stort og så magtfuldt er det. Det er derfor vi siger, at der er en mulighed for forløsning indenfor selve de omstændigheder, der truer jeres velbefindende og jeres fremtid.

Vi ved, at Kundskabens magt i den enkelte kan genoprette pågældende og alle vedkommendes forhold til at nå en højere grad af præstation, erkendelse og kunnen. Dette må I selv opdage.

Vore liv er meget anderledes. En af forskellene er, at vore liv er givet til tjeneste, en tjeneste, vi selv har valgt. Vi har friheden til at vælge, og således er vort valg reelt og meningsfuldt og baseret på vores egen forståelse. I vores gruppe er der repræsentanter fra mange forskellige verdener. Vi kommer sammen i menneskehedens tjeneste. Vi repræsenterer en højere alliance, der er mere spirituel i sin natur.

◆

"Dette budskab kommer gennem én mand. Hvorfor kontakter I ikke alle, hvis dette budskab er så vigtigt?"

Det er blot et spørgsmål om effektivitet. Vi styrer ikke, hvem der udvælges til at tage imod os. Det er et anliggende for De Usete, dem som I retteligt kunne kalde "Engle." Vi tænker på dem på denne måde. De har udvalgt denne person, en person, der ingen position har i verden, der ikke er anerkendt i verden, et menneske, der er valgt, på grund af sine egenskaber og på grund af sin arv i Det Større Fællesskab. Vi er glade for at have én, gennem hvilken vi kan tale. Hvis vi talte gennem flere, ville de måske være indbyrdes uenige, og budskabet ville blive forvirrende og gå tabt.

Vi forstår fra selv at være studerende, at transmissionen af åndelig visdom i almindelighed gives gennem ét individ, med andres støtte. Dette individ må bære vægten og byrden og risikoen ved at være således udvalgt. Vi respekterer ham for at gøre dette, og vi forstår, hvilken byrde det kan være. Det vil måske blive udlagt forkert, og derfor må den Vise forblive skjult. Vi må forblive skjulte. Han må forblive skjult. På denne måde kan budskabet blive givet og budbringeren blive bevaret. For der vil være fjendtlighed rettet imod dette budskab. De besøgende vil gå imod det og går allerede imod det. Deres modstand kan være betydelig men vil først og fremmest være rettet imod selve budbringeren. Af denne grund må budbringeren beskyttes.

Vi ved, at svarene på disse spørgsmål vil fremkalde flere spørgsmål. Og mange af disse kan ikke besvares, måske ikke i lang tid. De Vise, hvor som helst, må leve med spørgsmål, som de endnu ikke kan besvare. Det er gennem deres tålmodighed og vedholdenhed at virkelige svar dukker op og de pågældende kan opleve dem og rumme dem.

*Disse spørgsmål blev sendt til New Knowledge Library af mange af de første læsere af De Allieredes Materiale.

"Menneskeheden står ved en ny begyndelse. Den ser en meget alvorlig situation i øjnene. Behovet for en ny uddannelse og forståelse er altafgørende. Vi er her for at tjene dette behov efter anmodning fra De Usete. De sætter deres lid til, at vi deler vores visdom, for vi lever i det fysiske univers, som I gør. Vi er ikke englelige væsener. Vi er ikke perfekte. Vi har ikke opnået mægtige højder af åndelig bevidsthed og præstation. Og derfor har vi tiltro til, at vort budskab til jer om Det Større Fællesskab vil være mere relevant og lettere blive modtaget. De Usete ved langt mere end vi gør om livet i universet og mere om de fremskridts- og præstationsniveauer, der er tilgængelige og praktiseres mange steder. Og dog har de bedt os om at tale om det fysiske livs virkelighed, fordi vi er fuldstændigt engagerede der. Og gennem vore egne prøvelser og fejltagelser har vi lært vigtigheden og betydningen af det, vi deler med jer.

Således kommer vi som Menneskehedens Allierede, for det er det, vi er. Vær taknemmelige over, at I har allierede, der kan hjælpe jer og kan uddanne jer og kan støtte jer i jeres styrke, jeres frihed og jeres præstationer.

For uden denne assistance, ville udsigten til, at I overlevede den form for fremmed infiltration, som I aktuelt oplever, være meget indskrænket. Jo, der ville være nogle få enkeltpersoner, der ville komme til at erkende situationen, som den faktisk foreligger, men deres antal ville ikke være stort nok og deres stemmer ville forblive uhørte.

I dette kan vi kun bede om jeres tillid. Vi håber, gennem vore ords visdom og gennem de muligheder I får for at lære deres betydning og relevans, at vi med tiden kan opnå denne tillid. For I har allierede i Det Større Fællesskab. I har fremragende venner hinsides denne verden, der har lidt gennem de udfordringer, som I står overfor nu, og som har haft succes. Da vi selv blev assisterede, må vi således nu assistere andre. Det er vor hellige pagt. Det er til denne pagt, vi er solidt forpligtede."

LØSNING EN

◆

I SIN KERNE

DREJER LØSNINGEN SIG IKKE OM TEKNOLOGI,

POLITIK ELLER MILITÆR STYRKE.

Den drejer sig om fornyelse af den menneskelige ånd.

Den drejer sig om, at folk bliver bevidste om Interventionen og taler imod den.

Den drejer sig om at afslutte den isolation og latterliggørelse, der holder folk tilbage fra at udtrykke, hvad de ser og hvad de ved.

Den drejer sig om at overvinde frygt, undvigelse, fantasi og bedrag.

Den drejer sig om, at folk bliver stærke, bevidste og selvstændiggjorte.

Menneskehedens Allierede giver den afgørende rådgivning, der gør os i stand til at genkende Interventionen og afbøde dens indflydelse. For at gøre dette, tilskynder de Allierede os til at træne vores medfødte intelligens, og udøve vor ret til at opfylde vor skæbne, som en fri race i Det Større Fællesskab.

DER ER ET NYT HÅB
I VERDEN

Håb i verden bliver genoplivet af de mennesker, der bliver stærke med Kundskab. Håb kan svinde bort og derefter blive genantændt. Håb kan forekomme at komme og gå, afhængigt af, hvordan folk påvirkes, samt af hvad de selv vælger. Håb hviler på dig. Skønt De Usete er her, betyder det ikke, at der er håb, for uden dig, ville der intet håb være. For du, og andre, som dig, bringer et nyt håb ind i verden, fordi du lærer at tage imod Kundskabens gave. Dette bringer et nyt håb ind i verden. Måske kan du ikke helt se dette på nuværende tidspunkt. Måske forekommer det at være hinsides din forståelse. Men fra et større perspektiv, er det så sandt og så vigtigt.

Verdens fremkomst i Det Større Fællesskab taler for dette, for, var ingen forberedt på Det Større Fællesskab, ville håbet forekomme at svinde. Og menneskehedens skæbne ville forekomme yderst forudsigelig. Men da der er håb i verden, da der er håb i dig og i andre, ligesom dig, der reagerer på et højere kald, er menneskehedens skæbne mere lovende, og menneskehedens frihed vil muligvis stadigt være sikret.

◆

FRA *TRIN TIL KUNDSKAB* – EFTERUDDANNELSE

Modstand

&

Selvstændiggørelse

◆

MODSTAND &
SELVSTÆNDIGGØRELSE

Kontaktens Etik

◆

Ved hvert hjørne, opfordrer de Allierede os til at indtage en aktiv rolle, med henblik på at skelne og stå imod den udenjordiske Intervention, der foregår i vores verden i dag. Dette inkluderer at skelne vore rettigheder og prioriteter, som denne verdens indfødte folk, samt at etablere vore egne Regler for Engagement angående al nuværende og fremtidig kontakt med væsner af andre racer.

Et blik på den naturlige verden og et blik tilbage gennem menneskets historie demonstrerer til fulde interventionens lektier: at konkurrence om ressourcer er en uadskillelig del af naturen, at intervention i en anden kultur altid foretages med egne interesser for øje og har en destruktiv virkning på den pågældende kultur samt på de folks frihed, der bliver opdaget, og at de stærke altid dominerer de svage, hvis de kan.

Mens det er tænkeligt, at de ET racer, der besøger vores verden, kan være en undtagelse fra denne regel, vil en sådan undtagelse være nødt til at blive bevist, uden skygge af tvivl, ved at give menneskeheden ret til at vurdere enhver begæring om visitation. Dette er afgjort ikke sket. Derimod er vores autoritet og ejendomsret, som denne verdens indfødte folk, i menneskehedens oplevelse af

Kontakt indtil nu, blevet omgået. De "besøgende" har forfulgt deres egen dagsorden, uden agtelse for menneskehedens billigelse eller informerede deltagelse.

Som både de Allieredes Briefinger og meget af UFO/ET undersøgelserne tydeligt indikerer, er kontakten, der foregår, ikke etisk. Mens det kan være passende for en fremmed race at dele sin oplevelse og visdom med os langvejsfra, som de Allierede har gjort, er det ikke passende for nogen race at komme her uinviteret og forsøge at blande sig i menneskelige anliggender, selv under dække af at ville hjælpe os. Givet menneskehedens udviklingsniveau på nuværende tidspunkt, som en ung race, er dette ikke etisk at gøre.

Menneskeheden har ikke haft lejlighed til at etablere sine egne Regler for Engagement eller sætte de grænser, som hver enkelt indfødt race må etablere for sin egen tryghed og sikkerheds skyld. At gøre dette ville give næring til menneskelig forening og menneskeligt samarbejde, fordi vi ville være nødt til at finde sammen for at gennemføre det. Denne handling vil kræve bevidstheden om, at vi er ét folk, der er fælles om én verden, at vi ikke er alene i universet, og at vore grænser til rummet må etableres og beskyttes. Tragisk nok bliver dette påkrævede udviklingsforløb nu omgået.

De Allieredes Briefinger blev sendt for at opmuntre menneskeheden til at forberede sig på virkeligheden af liv i Det Større Fællesskab. Faktisk er de Allieredes budskab til menneskeheden en demonstration på, hvad etisk kontakt virkeligt er. De bevarer en "fingrene-væk" tilgang og respekterer vore medfødte evner og autoritet, mens de opfordrer til den frihed og forening, som den menneskelige familie vil have brug for, for i fremtiden at navigere i Det Større Fællesskab. Mens mange mennesker i dag tvivler på, at menneskeheden har magten og integriteten til at imødekomme sine egne fremtidige behov og udfordringer, forsikrer de Allierede os om, at denne magt, denne Kundskabens åndelige magt, holder til i os alle, og at vi må bruge den på vore egne vegne.

Forberedelsen på menneskehedens fremkomst i Det Større Fællesskab er blevet givet. De to sæt af Menneskehedens Allieredes Briefinger og bøgerne om Større Fællesskabs Kundskabs Vej er til rådighed for læsere overalt. De kan ses på www.alliesofhumanity.org og www.newmessage.org. Tilsammen udgør de hjælpemidlerne til at afbøde Interventionen og til at se vor fremtid i øjnene i en foranderlig verden ved tærsklen til rummet. Tilsammen udgør de den eneste af denne form for forberedelse i verden i dag. Det er selve den forberedelse, som de Allierede så indtrængende appellerer til.

Som respons på de Allieredes Briefinger, har en gruppe bestående af dedikerede læsere, udtænkt et dokument med titlen "The Declaration of Human Sovereignty." Med de Forenede Staters Uafhængigheds Erklæring som model, satser denne Deklaration på at etablere den Etiske Kontakt samt Reglerne for Engagement, som vi, som det indfødte folk i verden, nu har et akut behov for, for at bevare menneskelig frihed og suverænitet. Som denne verdens indfødte folk har vi ret til og ansvaret for at afgøre, hvornår og hvordan visitation skal ske, og hvem, der må komme til vor verden. Vi må lade det være kendt af alle nationer og grupper i universet, der kender til vor tilstedeværelse, at vi er selvbestemmende og har til hensigt at udøve vor ret og vore ansvar, som en opdukkende race af frie mennesker i Det Større Fællesskab. The Declaration of Human Sovereignty er en begyndelse og kan læses online på www.humansovereignty.org

MODSTAND &
SELVSTÆNDIGGØRELSE

At Gribe til Handling – Hvad du kan gøre

◆

D e Allierede beder os om at indtage et standpunkt til fordel for vores verdens velbefindende samt i sin essens selv blive Menneskehedens Allierede. Men, for virkeligt at gøre dette, må denne forpligtelse komme fra vor samvittighed, den inderste del af os selv. Der er mange ting, du kan gøre for at afbøde Interventionen og for at blive en positiv kraft, ved at styrke dig selv og andre omkring dig.

Nogle læsere har udtrykt, at de følte håbløshed efter at have læst de Allieredes materiale. Hvis dette er din oplevelse, er det vigtigt at huske på, at det er Interventionens hensigt at påvirke dig til, enten at acceptere og føle dig håbefuld, eller føle dig hjælpeløs og magtesløs i lyset af deres tilstedeværelse. Lad dig ikke blive således overtalt. Du finder din styrke ved at handle. Hvad kan du egentlig gøre? Der er en hel del, du kan gøre.

◆

Uddan dig selv.

Forberedelse må begynde med opmærksomhed og uddannelse. Du må have en forståelse for, hvad du har med at gøre. Uddan dig selv om UFO/ET fænomenet. Uddan dig selv om de seneste opdagelser indenfor planetarisk videnskab og astrobiologi, der gøres til vor rådighed.

ANBEFALET LÆSNING

• Se "Yderligere Ressourcer" i Appendixet

◆

Stå imod Pacificerings Programmets indflydelse.

Stå imod Pacificerings Programmet. Stå imod påvirkningen til at blive ugidelig og upåvirkelig af din egen Kundskab. Stå imod Interventionen med opmærksomhed, med fortalervirksomhed og med forståelse. Frem det menneskelige samarbejde, den menneskelige forening og integritet.

ANBEFALET LÆSNING

• *Greater Community Spirituality*, Kapitel 6: "What is the Greater Community?" og Kapitel 11: "What Is Your Preparation For?"

• *Living The Way of Knowledge*, Kapitel 1: "Living in an Emerging World"

◆

Vær bevidst om det mentale miljø

Det mentale miljø, I hvilken vi alle lever, er miljøet for tanke og påvirkning. Dets virkning på vor tænkning, vore følelser og vore handlinger er endnu større, end dets virkning på det fysiske miljø. Det mentale miljø påvirkes og influeres nu direkte af Interventionen. Det påvirkes også af regeringer og kommercielle interesser overalt omkring os. At blive bevidst om det mentale miljø er afgørende for at bevare sin frihed til at tænke frit og klart. Det første trin, du kan tage, er bevidst at vælge, hvem og hvad der påvirker din tænkning og dine beslutninger gennem de input, du modtager udefra. Dette inkluderer medier, bøger og overtalende venner, familie og autoritetspersoner. Sæt dine egne retningslinjer og lær, hvordan du med skarpsindighed og objektivitet klart afgør, hvad andre mennesker, og endda kulturen som helhed, fortæller dig. Hver enkelt af os må lære bevidst at skelne disse indflydelser, for at beskytte og opløfte det mentale miljø, hvori vi lever.

ANBEFALET LÆSNING

- *Wisdom from the Greater Community Bind II*, Kapitel 12: "Self-expression and the Mental Environment" og Kapitel 15: "Responding to the Greater Community"

◆

Studér Det Større Fællesskabs Kundskabs Vej

At lære Større Fællesskabs Kundskabs Vej fører dig direkte i kontakt med det dybere åndelige sind, som Skaberen af alt liv har lagt i dig. Det er på dette dybere sinds niveau, hinsides vort intellekt, på Kundskabens niveau, at du er sikret mod indblanding og manipulation fra nogen verdslig eller Større Fællesskabs magt. Kundskab bærer også for dig dit højere spirituelle formål med at komme til verden på dette tidspunkt. Den er selve kernen af din spiritualitet. Du kan begynde din rejse i Kundskabens Større Fællesskabs Vej i dag ved at begynde studiet af Trin til Kundskab online på www.newmessage.org

ANBEFALET LÆSNING

- *Greater Community Spirituality*, Kapitel 4: "What is Knowledge?"
- *Living The Way of Knowledge*: Alle kapitler
- Studiet i *Trin til Kundskab*: Bogen af Indre Viden

◆

Dan en Allieredes Læse-Gruppe

For at skabe et positivt miljø, hvor de Allieredes materiale kan blive grundigt overvejet, slut dig sammen med andre og dan en Allieredes Læsegruppe. Vi har oplevet, at når folk læser de Allieredes Briefinger og bøgerne om Større Fællesskabs Kundskabs Vej højt for hverandre i en støttende gruppeopsætning og frit kan dele spørgsmål og indsigter som de lyder, vokser deres forståelse af dette materiale betydeligt. Det er en måde, hvorpå du kan begynde at finde andre, som deler din bevidsthed og dit ønske om at vide sandheden om Interventionen. Du kan begynde sammen med bare et andet menneske.

ANBEFALET LÆSNING

- *Wisdom from the Greater Community Bind II*, Kapitel 10: "Greater Community Visitations," Kapitel 15: "Responding to the Greater Community," Kapitel 17: "Visitors' Perceptions of Humanity," og Kapitel 28: "Greater Community Realities"
- *The Allies of Humanity Book Two*: Alle kapitler.

◆

Bevar og beskyt miljøet.

For hver dag, der går, lærer vi mere og mere om behovet for at bevare, beskytte og genoprette vort naturlige miljø. Selv hvis Interventionen ikke eksisterede, ville det stadigt være en prioritet.

Men de Allieredes budskab giver ny fremdrift og en ny forståelse for behovet for at skabe en bæredygtig anvendelse af vor verdens naturlige ressourcer. Bliv bevidst om, hvordan du lever og hvad du forbruger, og find ud af, hvad du kan gøre for at støtte miljøet. Som de Allierede understreger, vil vor selvforsyningsevne, som race, være påkrævet for at sikre vor frihed og vort fremskridt indenfor et Større Fællesskab af intelligent liv.

ANBEFALET LÆSNING

- *Wisdom from the Greater Community Bind I*, Kapitel 14: "World Evolution"
- *Wisdom from the Greater Community Bind II*, Kapitel 25: "Environments"

◆

Spred budskabet om
Menneskehedens Allieredes Briefinger.

At dele de Allieredes materiale med andre er af afgørende vigtighed af følgende grunde:

— Du hjælper med at bryde den bedøvende stilhed, der omgiver virkeligheden og spektret af den udenjordiske Intervention.

— Du hjælper med at bryde den isolation, der afholder mennesker fra at forbinde sig med hinanden om denne store udfordring.

— Du vækker de mennesker, der er faldet under Pacificerings Programmets indflydelse og giver dem en chance for at bruge deres egen forstand til at reevaluere betydningen af dette fænomen.

— Du styrker beslutsomheden i dig selv og i andre om ikke at kapitulere, hverken til frygt eller undgåelse, med hensyn til at imødegå vor tids store udfordring.

— Du bringer bekræftelse til andre menneskers egne indsigter og Kundskab om Interventionen.

— Du kan hjælpe med at etablere den modstand, der kan hindre Interventionen og fremme den selvstændiggørelse, der kan give menneskeheden samhørigheden og styrken til at etablere vore egne Regler for Engagement.

HER ER NOGLE KONKRETE TRIN, DU KAN TAGE I DAG:

— Del denne bog og dets budskab med andre. Hele det første sæt Briefinger er nu tilgængelige for læsning og downloading gratis på de Allieredes webside på www.alliesofhumanity.org

— Læs The Declaration of Human Sovereignty (Deklarationen af Menneskelig Suverænitet) og del dette værdifulde dokument med andre. Det kan læses på og printes ud fra www.humansovereignty.org

— Opfordr din lokale boghandel og bibliotek til at have begge Menneskehedens Allieredes bind samt de andre af Marshall Vian Summers' bøger. Dette vil øge adgangen til materialet for andre læsere.

— Del de Allieredes materiale og perspektiv i eksisterende online fora og diskussionsgrupper, når det er passende.

— Tag til relaterede konferencer og forsamlinger og del de Allieredes perspektiv.

— Oversæt Menneskehedens Allieredes Briefinger. Hvis du er flersproget, overvej da venligst at hjælpe med at oversætte

Briefingerne, så de kan blive tilgængelige for flere læsere rundt omkring i verden.

— Kontakt New Knowledge Library for at modtage en gratis Allierede fortalerpakke med materiale, der kan hjælpe dig med at dele dette budskab med andre.

ANBEFALET LÆSNING

- *Living The Way of Knowledge*, Kapitel 9: "Sharing The Way of Knowledge with Others"
- *Wisdom from The Greater Community Bind II*, Kapitel 19: "Courage"

◆

Dette er på ingen måde en fuldkommen liste. Det er blot en begyndelse. Se på dit eget liv og se, hvilke muligheder, der kan være der, og vær åben for din egen Kundskab og indsigt om denne sag. Udover at gøre, hvad der er nævnt i listen ovenover, har folk allerede fundet kreative måder at udtrykke de Allieredes budskab – gennem kunst, gennem musik, gennem poesi. Find din måde.

BUDSKAB FRA
MARSHALL VIAN SUMMERS

◆

I 25 år har jeg været fordybet i en religiøs oplevelse. Den har resulteret i, at jeg har taget imod en kolossal mængde skrifter om den menneskelige ånds natur og menneskehedens skæbne indenfor et større panorama af intelligent liv i universet. Disse skrifter, omfattet i læren i Større Fællesskabs Kundskabs Vej, indeholder en teologisk ramme, der gør rede for livet og Guds tilstedeværelse i Det Større Fællesskab, de mægtige strækninger i rum og tid, som vi kender, som vores univers.

Den kosmologi, jeg har taget imod, indeholder mange budskaber, hvoraf det ene er, at menneskeheden dukker op i et Større Fællesskab af intelligent liv, og at vi må forberede os på dette. Iboende i dette budskab er forståelsen, at menneskeheden ikke er alene i universet, ej heller i vor egen verden, og indenfor dette Større Fællesskab, vil menneskeheden have venner, konkurrenter og modstandere.

Denne større virkelighed blev på dramatisk vis bekræftet af den pludselige og uventede transmission af Menneskehedens Allieredes første række af Briefinger i 1997. Tre år tidligere, i 1994, havde jeg modtaget den teologiske ramme til at begribe de Allieredes Briefinger i min bog, *Greater Community Spirituality: A New Revelation*. På dette tidspunkt, som resultat af mit spirituelle arbejde og nedskrivninger, blev det mig bekendt, at menneskeheden havde allierede i universet, der bekymrer sig om vores races velbefindende og fremtidige frihed.

Indenfor den voksende kosmologi, der er blevet åbenbaret for mig, er forståelsen, at i historien om det intelligente liv i universet, har etisk avancerede racer en forpligtelse til at testamentere deres visdom til unge opdukkende racer, som vores egen, og at dette testamente må finde sted uden direkte indblanding eller indblanding i den pågældende unge races anliggender. Hensigten her er at informere, ikke at blande sig. Denne "overlevering af visdom" repræsenterer en længe eksisterende etisk ramme for Kontakt med opdukkende racer og hvordan denne foretages. De Allieredes to sæt af Briefinger er en tydelig demonstration af denne model for ikke-indblanding og etisk Kontakt. Denne model burde være et ledende lys og en standard, som vi skulle forvente, at andre racer holdte sig til, i deres forsøg på at kontakte os eller besøge vores verden. Men denne demonstration af etisk Kontakt står i stærk kontrast til den Intervention, der foregår i dag.

Vi bevæger os ind i en yderst sårbar position. Med udsigten til ressourceudtømning, miljøforringelse og risikoen for en yderligere opsplitning af den menneskelige familie, som vokser hver dag, er vi modne til Intervention. Vi lever i tilsyneladende isolation i en rig og værdifuld verden, der er eftertragtet af andre hinsides vore kyster. Vi er ukoncentrerede og opsplittede og ser ikke den store fare, der intervenerer ved vores grænser. Det er det fænomen, som historien har gentaget igen og igen, med hensyn til isolerede indfødte folks skæbne, der for første gang så intervention i øjnene. Vi er urealistiske i vores antagelser om det intelligente livs magt og godgørenhed i universet. Og vi er nu kun lige begyndt at gøre status over den tilstand, vi selv har skabt i vores egen verden.

Den upopulære sandhed er, at den menneskelige familie ikke er rede til en direkte oplevelse af Kontakt og bestemt ikke rede til en intervention. Vi må først få orden i eget hus. Vi har endnu ikke, som art, modenheden til at engagere os med andre racer i Det Større Fællesskab fra en forenet position, en position af styrke og skarpsindighed. Og før vi kan nå denne position, hvis vi nogensinde kan, burde ingen race direkte blande sig i vores verden. De Allierede giver os en så nødvendig visdom og et så nødvendigt perspektiv, dog uden at blande sig. De fortæller os, at vores skæbne er, og skulle være, i vores hænder. Det er frihedens byrde i universet.

Uanset vores mangel på parathed, sker der imidlertid en Intervention. Menneskeheden må nu forberede sig på denne, den mest betydningsfulde tærskel i menneskets historie. Snarere end blot at være et tilfældigt vidne til dette fænomen, befinder vi os i selve dets centrum. Det foregår uanset om vi er bevidste om det eller ej. Det har magten til at ændre udfaldet for menneskeheden. Og det har alt at gøre med, hvem vi er og hvorfor vi er i verden på dette tidspunkt.

Kundskabens Større Fællesskabs Vej er blevet givet for at sørge for både læren og forberedelsen på, at vi nu bliver nødt til at se denne store tærskel i øjnene, nødt til at forny menneskets ånd og sætte en ny kurs for den menneskelige familie. Den taler til det presserende behov for menneskelig forening og menneskeligt samarbejde; hvilket er af største vigtighed for Kundskab, vor åndelige intelligens, samt det større ansvar, vi nu bliver nødt til at påtage os ved tærsklen til rummet. Den repræsenterer et Nyt Budskab fra Skaberen af alt liv.

Min mission er at bringe denne større kosmologi og forberedelse ind i verden, og med dette, et nyt håb og nyt løfte for en kæmpende menneskehed. Min lange forberedelse og den mægtige lære i Kundskabens Større Fællesskabs Vej er her med dette formål. Menneskehedens Allieredes Briefinger er blot en lille del af dette større budskab. Det er nu tid til at afslutte vores uophørlige konflikter og forberede os på livet i Det Større Fællesskab. For at gøre dette, har vi brug for en ny forståelse af os selv, som ét folk – denne verdens indfødte folk, født af én spiritualitet – og en ny forståelse af vores sårbare stilling, som en ung, opdukkende race i universet. Dette er mit budskab for menneskeheden og dette er grunden til, at jeg er kommet.

MARSHALL VIAN SUMMERS

2008

Appendiks

◆

DEFINITION AF UDTRYK

$\diamond$

MENNESKEHEDENS ALLIEREDE: En lille gruppe af fysiske væsener fra Det Større Fællesskab, der har skjult sig i nærheden af vores verden i vores solsystem. Deres mission er at observere, rapportere og rådgive os med hensyn til de fremmede besøgendes og interventions aktiviteter i verden i dag. De repræsenterer de vise i mange verdener.

DE BESØGENDE: Adskillige andre fremmede racer fra Det Større Fællesskab, der "besøger" vores verden uden vor tilladelse, som aktivt blander sig i menneskelige anliggender. De besøgende er involverede i et langt integreringsforløb, hvor de integrerer sig selv ind i det menneskelige livs struktur og sjæl, med det formål at få kontrol over verdens ressourcer og dens mennesker.

INTERVENTIONEN: De fremmede besøgendes tilstedeværelse, deres formål og aktiviteter i verden.

PACIFICERINGS PROGRAMMET: De besøgendes overtalelses- og påvirkningsprogram, der sigter på at afvæbne folks opmærksomhed og skarpsindighed angående Interventionen, og gøre menneskeheden passiv og føjelig.

DET STØRRE FÆLLESSKAB: Rummet. Det vidtstrakte fysiske og spirituelle univers, hvori menneskeheden dukker op, som indeholder intelligent liv i talløse manifestationer.

DE USETE: Skaberens Engle, der tilser sansende væseners spirituelle udvikling over hele Det Større Fællesskab. De Allierede refererer til dem, som "De Usete."

MENNESKELIG SKÆBNE: Menneskeheden er skæbnebestemt til at dukke op i Det Større Fællesskab. Dette er vores evolution.

KOLLEKTIVERNE: Komplekse hierarkiske organisationer, bestående af adskillige fremmede racer, der er knyttet sammen af en fælles troskab. Der er mere end et kollektiv til stede i verden i dag, hvortil de fremmede besøgende hører. Disse kollektiver har konkurrerende dagsordener.

DET MENTALE MILJØ: Miljøet for tænkning og mental påvirkning.

KUNDSKAB: Den åndelige intelligens, der lever i hver enkelt person. Kilden til alt, hvad vi ved. Iboende forståelse. Evig visdom. Den tidløse del af os, som ikke kan influeres, manipuleres eller korrumperes. Et potentiale i alt intelligent liv. Kundskab er Gud i dig, og Gud er al Kundskab i universet.

INDSIGTENS VEJE: Forskellige lærer i Kundskabens Vej, der instrueres i mange verdener i Det Større Fællesskab.

KUNDSKABENS STØRRE FÆLLESSKABS VEJ: En åndelig lære fra Skaberen, der praktiseres mange steder i Det Større Fællesskab. Den instruerer i, hvordan man oplever og udtrykker Kundskab, og hvordan man bevarer individuel frihed i universet. Denne lære er sendt hertil for at forberede menneskeheden på virkeligheden af liv i Det Større Fællesskab.

KOMMENTARER TIL
MENNESKEHEDENS ALLIEREDE

◆

Jeg blev meget imponeret over *Menneskehedens Allierede* ... fordi budskabet ringer sandt. Radar kontakt, jordpåvirkninger, videobånd og film, beviser alt sammen, at UFO'er er virkelige. Nu må vi overveje det virkelige spørgsmål: passagerernes dagsorden. *Menneskehedens Allierede* konfronterer kraftfuldt dette anliggende, et anliggende, der kan vise sig at være afgørende for menneskets fremtid."

— JIM MARRS, forfatter til
Alien Agenda and Rule by Secrecy

I lyset af, at jeg har brugt årtier på at studere både kanalisering og ufologi/extraterrestriologi, har jeg en meget positiv respons til både Summers, som kanal, og til budskabet fra hans rapporterede kilder i denne bog. Jeg er dybt imponeret over Summers' integritet, som menneske, som ånd, som sand kanal. Både Summers og hans kilder demonstrerer gennem deres budskab og gennem deres holdning, for mig, på overbevisende måde en sand tjeneste-til-andre orientering i lyset af så meget menneskelig, og nu tilsyneladende endog extraterrestrial, tjeneste-til-selv orientering. Mens den er alvorlig og advarende i tonen, hurtiggør denne bogs budskab min ånd, med løftet om de undere, der venter vor art, idet vi slutter os til Det Større Fællesskab. På samme tid må vi finde og få adgang til vor fødselsretlige relation til vor Skaber for at sikre, at vi ikke utilbørligt i forløbet bliver manipuleret med eller udnyttet af nogle medlemmer af dette større fælleskab."

— JON KLIMO, forfatter til
Channeling: Investigations on Receiving Information from Paranormal Sources

At studere UFO/fænomenet med Fremmed Abduktion i 30 år, har været som at samle et kæmpe puslespil. Din bog gav mig endeligt en ramme med hensyn til at få de resterende brikker til at passe."

— ERICK SCHWARTZ,
LCSW, California

Er der gratis frokost i kosmos? *Menneskehedens Allierede* minder os yderst kraftfuldt om, at der ikke er."

— ELAINE DOUGLASS,
MUFON Co-state director, Utah

De Allierede vil give et stort ekko i den spansk-talende befolkning rundt omkring i verden. Det kan jeg forsikre om! Så mange mennesker, ikke kun i mit land, kæmper for deres ret til at bevare deres kulturer! Din bog bekræfter kun det, de har forsøgt at fortælle os, på så mange måder, så længe."

—INGRID CABRERA, Mexico

Denne bog genlyder dybt i mig. For mig er [*Menneskehedens Allierede*] ikke mindre end banebrydende. Jeg ærer de kræfter, menneskelige eller andet, der har iværksat denne bog, og jeg beder til, at dens presserende budskab bliver agtet."

—RAYMOND CHONG, Singapore

Meget af de Allieredes materiale genlyder med det, jeg har lært, eller instinktivt føler er sandt."

—TIMOTHY GOOD, Britisk UFO
Forskningsforfatter til Beyond Top Secret og Unearthly Disclosure

YDERLIGERE STUDIER

◆

MENNESKEHEDENS ALLIEREDE adresserer fundamentale spørgsmål om virkeligheden og naturen af og formålet med den udenjordiske tilstedeværelse i verden i dag. Denne bog rejser imidlertid mange flere spørgsmål, som må undersøges gennem yderligere studier. Som sådan tjener den som katalysator for en højere bevidsthed og for en opfordring til handling.

For at lære mere, er der to spor, læseren kan følge, enten særskilt eller samtidigt. Det første spor er studiet i UFO/ET fænomenet i sig selv, der gennem de sidste fire årtier i vid udstrækning er blevet dokumenteret af forskere, der repræsenterer mange forskellige synspunkter. På de følgende sider har vi opstillet nogle vigtige ressourcer om dette emne på en liste, som vi føler, er specielt relevante for de Allieredes materiale. Vi opfordrer alle læsere til at blive mere informeret om dette fænomen.

Det andet spor er for læsere, der gerne vil undersøge de åndelige implikationer af fænomenet og hvad man personligt kan gøre for at forberede sig. Til dette anbefaler vi MV Summers' skrifter, der er opført på en liste på de følgende sider.

For at holde dig informeret om nyt materiale, der relaterer til *Menneskehedens Allierede*, besøg da venligst de Allieredes webside på www.alliesofhumanity.org. For mere information om

Kundskabens Større Fællesskabs Vej, besøg venligst: www.newmessage.org.

YDERLIGERE RESSOURCER

◆

Nedenfor er en foreløbig liste over ressourcer om UFO/ET fænomenet. Den har på ingen måde til hensigt at være en udtømmende bibliografi om emnet, blot et sted at begynde. Når én gang din forskning i dette fænomens virkelighed er begyndt, vil der være mere og mere materiale for dig at undersøge, både i disse og i andre kilder. Der rådes altid til skarpsindighed.

BØGER

Berliner, Don: UFO Briefing Document, Dell Publishing, 1995.

Bryan, C.D.B.: Close Encounters of the Fourth Kind: Alien Abduction, UFOs and the Conference at MIT, Penguin, 1996.

Dolan, Richard: UFOs and the National Security State: Chronology of a Coverup, 1941-1973, Hampton Roads Publishing, 2002.

Fowler, Raymond E.: The Allagash Abductions: Undeniable Evidence of Alien Intervention, 2nd Edition, Granite Publishing, LLC, 2005.

Good, Timothy: Unearthly Disclosure, Arrow Books, 2001.

Grinspoon, David: Lonely Planets: The Natural Philosophy of Alien Life, Harper Collins Publishers, 2003.

Hopkins, Budd: Missing Time, Ballantine Books, 1988.

Howe, Linda Moulton: An Alien Harvest, LMH Productions, 1989.

Jacobs, David: The Threat: What the Aliens Really Want, Simon & Schuster, 1998.

Mack, John E.: Abduction: Human Encounters with Aliens, Charles Scribner's Sons, 1994.

Marrs, Jim: Alien Agenda: Investigating the Extraterrestrial Presence Among Us, Harper Collins, 1997.

Sauder, Richard: Underwater and Underground Bases, Adventures Unlimited Press, 2001.

Turner, Karla: Taken: Inside the Alien-Human Abduction Agenda, Berkeley Books, 1992.

DVDer

Out of the Blue: The Definitive Investigation of the UFO Phenomenon, Hanover House, 2007.

The Alien Agenda and the Ethics of Contact with Marshall Vian Summers, MUFON Symposium, 2006. Tilrådighed gennem New Knowledge Library.

The ET Intervention and Control in the Mental Environment, with Marshall Vian Summers, Conspiracy Con, 2007. Tilrådighed gennem New Knowledge Library.

SITUS WEB

www.humansovereignty.org

www.alliesofhumanity.org

www.newmessage.org / www.DetNyeBudskabfraGud.org

UDDRAG FRA BØGERNE OM KUNDSKABENS STØRRE FÆLLESSKABS VEJ

"Du er ikke blot et menneske i denne ene verden. Du er borger af Det Større Fællesskab af verdener. Det er det fysiske univers, du registrerer gennem dine sanser. Det er meget større, end det, du nu kan begribe ... Du er borger i et større fysisk univers. Dette anerkender ikke blot din Slægt og din Arv, men også dit formål med livet på dette tidspunkt, for menneskehedens verden vokser ind i et liv i Det Større Fællesskab af verdener. Dette er kendt for dig, skønt dine overbevisninger muligvis endnu ikke tager højde for dette."

> — *Trin til Kundskab*:
> Trin 187: Jeg er borger i Det Større Fællesskab af Verdener

"Du er kommet ind til verden ved et stort vendepunkt, et vendepunkt, som du kun vil se en del af i din levetid. Det er et vendepunkt, hvor din verden får kontakt med verdener i dens nærhed. Dette er menneskehedens naturlige evolution, ligesom det er en naturlig evolution for alt intelligent liv i alle verdener."

> — *Trin til Kundskab*:
> Trin 190: Verden dukker

op i Det Større Fællesskab af
verdener, og derfor er jeg kommet

"I har fremragende venner hinsides denne verden. Derfor søger menneskeheden at træde ind i Det Større Fællesskab, da Det Større Fællesskab repræsenterer en bredere vifte af menneskets ægte relationer. I har ægte venner hinsides verden, da I ikke er alene i verden og ikke er alene i Det Større Fællesskab af verdener. I har venner hinsides denne verden, da jeres Spirituelle Familie har sine repræsentanter overalt. Du har venner hinsides denne verden, da du arbejder, ikke blot på din verdens evolution, men ligeledes på universets evolution. Hinsides din forestillingsevne, hinsides dine begrebsmæssige evner, er dette helt afgjort sandt."

— *Trin til Kundskab*:
Trin 211: Jeg har fremragende
venner hinsides denne verden.

"Reagér ikke med håb. Reagér ikke med frygt. Respondér med Kundskab."

— *Wisdom from the Greater
Community Bind II*
Kapitel 10: Greater Community
Visitations

"Hvorfor sker dette? Det kan videnskaben ikke besvare. Det kan fornuften ikke besvare. Det kan ønsketænkning ikke besvare. Det kan frygtsom selvbeskyttelse ikke besvare. Hvad kan så svare på dette? Du må stille dette spørgsmål med en anden forstand, se med andre øjne og have en anderledes oplevelse her."

> — *Wisdom from the Greater*
> *Community Bind II*
> Kapitel 10: Greater Community
> Visitations

"Nu må du tænke på Gud i Det større Fællesskab – ikke en menneskelig Gud, ikke en Gud i overensstemmelse med din nedskrevne historie, ikke en Gud svarende til dine prøvelser og din modgang, men en Gud for alle tider, for alle racer, for alle dimensioner, for de, som er primitive og for de, som er avancerede, for de, som tænker ligesom dig og for de, som tænker meget anderledes, for de, som tror og for de, for hvem tro er uforklarlig. Dette er Gud i Det Større Fællesskab. Og dette er, hvor du må begynde."

> — *Greater Community Spirituality*
> Chapter 1: What is God?

"Der er brug for dig i verden. Det er tid til at forberede sig. Det er tid til at blive fokuseret og beslutsom. Der er ingen flugt fra dette, for kun de mennesker, der er udviklede i Kundskabens Vej vil i fremtiden have kapaciteten og vil kunne bevare deres frihed i et mentalt miljø, der i tiltagende grad vil være influeret af Det Større Fællesskab."

> — *Living The Way of Knowledge*:
> Kapitel 6: The Pillar of
> Spiritual Development

"Der er ingen helte her. Der er ingen at tilbede. Der er et fundament at bygge. Der er arbejde at gøre. Der er en forberedelse at gennemgå. Og der er en verden at tjene."

— *Living The Way of Knowledge*:
Kapitel 6: The Pillar of
Spiritual Development

"Kundskabens Større Fællesskabs Vej præsenteres for verden, hvor den er ukendt. Den har ingen historie eller baggrund her. Folk er ikke vant til den. Den passer ikke nødvendigvis til deres idéer, deres overbevisninger eller forventninger. Den indordner sig ikke verdens nuværende religiøse forståelse. Den kommer i nøgen form – uden ritualer eller pragtudfoldelser, uden rigdom og noget ekstra. Den kommer ren og enkel. Den er som et barn i verden. Den er tilsyneladende sårbar, og dog repræsenterer den en Større Virkelighed og et større løfte for menneskeheden."

— *Greater Community Spirituality*:
Kapitel 22: Where can Knowledge be
found?

"Der er dem i Det Større Fællesskab, der er mere magtfulde end I er. De kan overliste jer, men kun hvis I ikke ser efter. De kan påvirke jeres sind, men de kan ikke styre det, hvis I er med Kundskab."

— *Living The Way of Knowledge*:
Kapitel 10: Being Present
in the World

"Menneskeheden bor i et meget stort hus. En del af dette hus brænder. Og andre er på besøg her for at afgøre, hvordan ilden kan slukkes til deres fordel."

> — *Living The Way of Knowledge*:
> Kapitel 11: Preparing for the
> Future

"Gå ud en klar nat og se op. Jeres skæbne er dér. Jeres vanskeligheder er dér. Jeres muligheder er dér. Jeres forløsning er dér."

> — *Greater Community Spirituality*:
> Kapitel 15: Who Serves
> Humanity?

"Du bør aldrig antage, at der er en større logik i en avanceret race, medmindre den er stærk med Kundskab. Faktisk kan de have befæstet sig ligeså meget imod Kundskab, som I har. Gamle vaner, ritualer, strukturer og autoriteter må udfordres af beviset på Kundskab. Af denne grund er Kundskabens mand og kvinde, selv i Det Større Fællesskab, en magtfuld kraft."

> — *Trin til Kundskab*:
> Øvre Niveauer

"Din frygtløshed må i fremtiden ikke være et foregivende, men født af din vished i Kundskab. På denne måde vil du være et fredens tilflugtssted og en rigdomskilde for andre. Det er det, der er meningen med dig. Det er derfor, du er kommet hertil verden."

— *Trin til Kundskab*:
Trin 162: I will not be afraid today.

"Det er ikke en let tid at være i verden, men hvis bidrag er dit formål og din hensigt, er det den rette tid at være i verden."

— *Greater Community Spirituality*:
Kapitel 11: What Is Your
Preparation for?

"For at du kan udføre din mission, må du have fremragende allierede, for Gud ved, at du ikke kan udføre den alene."

— *Greater Community Spirituality*:
Kapitel 12: Whom Will You Meet?

"Skaberen ville ikke efterlade menneskeheden uden en forberedelse på Det Større Fællesskab. Og af denne grund bliver Kundskabens Større Fællesskabs Vej præsenteret. Den er født af universets Mægtige Vilje. Den kommunikeres gennem universets Engle, der tjener Kundskabens fremkomst overalt, og dyrker relationer overalt, der kan rumme Kundskab. Dette arbejde er Det Guddommeliges arbejde i verden, ikke at tage dig til Det Guddommelige, men at tage dig til verden, for verden har brug for dig. Det er derfor du er sendt hertil. Det er derfor du har valgt at komme. Og du har valgt at komme for at tjene og for at støtte verdens opdukken i Det Større Fællesskab, for det er menneskehedens store behov på dette tidspunkt, og dette store behov vil overskygge alle menneskehedens behov i de kommende tider."

— *Greater Community Spirituality*:
Introduktion

OM FORFATTEREN

◆

Skønt han kun er lidt kendt i verden i dag, vil Marshall Vian Summers muligvis ultimativt blive anerkendt som den mest betydningsfulde åndelige lærer, der dukker op i vores livstid. I mere end tyve år, har han i tavshed skrevet og undervist en spiritualitet, der anerkender den ubenægtelige virkelighed, at menneskeheden lever i et mægtigt og befolket univers, og nu snarest må forberede sig på sin opdukken i et Større Fællesskab af intelligent liv.

MV Summers underviser i Kundskabens disciplin, eller indre viden. "Vor inderste intuition," siger han, "er ikke andet, end et ydre udtryk for Kundskabens store magt." Hans bøger Trin til Kundskab: Bogen af Indre Viden, årets vinder i år 2000 af *Book of the Year Award for Spirituality* i USA, og *Greater Community Spirituality: A New Revelation* udgør tilsammen et grundlag, der kunne betragtes som at være den første "Kontaktens Teologi." Hele hans arbejdssamling, mere end tyve bind, hvoraf kun en håndfuld endnu er udgivet af *New Knowledge Library,* kan meget vel repræsentere nogle af de mest originale og avancerede åndelige lærer, der dukker op i moderne historie. Han er også stifteren af *The Society for The Greater Community Way of Knowledge,* en religiøs non-profit organisation.

Med *Menneskehedens Allierede,* bliver Marshall Vian Summers muligvis den første åndelige lærer, der lyder en klar alarm med hensyn til Interventionens sande væsen, den Intervention, der nu foregår i verden, som påkalder personligt ansvar, personlig forberedelse samt kollektiv bevidsthed. Han har viet sit liv til at tage imod Kundskabens Større Fællesskabs Vej, en gave til menneskeheden fra Skaberen. Han har beslutsomt forpligtet sig til at bringe Det Nye Budskab fra Gud ind i verden. For at læse om Det Nye Budskab online, venligst besøg www.newmessage.org / www.DetNyeBudskabfraGud.org

OM THE SOCIETY

◆

*T*he *Society for The Greater Community Way of Knowledge* er på en stor mission i verden. Menneskehedens Allierede har præsenteret problemet med Interventionen og alt, hvad den varsler om. Som respons på denne meget alvorlige udfordring, er en løsning givet i den åndelige lære, kaldet Kundskabens Større Fællesskabs Vej. Denne lære giver Større Fællesskabs perspektiv og den åndelige forberedelse, som menneskeheden vil have brug for, for at bevare vor ret til selvbestemmelse og vellykket indtage vores plads, som en opdukkende verden, i et større univers af intelligent liv.

The Societys mission er at præsentere Det Nye Budskab for menneskeheden gennem dets udgivelser, internet websider, uddannelsesprogrammer og kontemplative tjenester og refugier. The Societys mål er at udvikle Kundskabens mænd og kvinder, der vil være de første til at bane vejen for en Større Fællesskabs forberedelse i verden, og begynde at afbøde Interventionens indvirkning. Disse mænd og kvinder vil være ansvarlige for at holde Kundskab og visdom i live i verden, idet kampen for menneskehedens frihed intensiveres. The Society blev grundlagt i 1992, som en religiøs non-profit organisation, af Marshall Vian Summers. Gennem årene har en gruppe dedikerede studerende samlet sig for at assistere ham direkte. The Society er blevet støttet og holdt oppe af denne kerne af dedikerede studerende, der har forpligtet sig til at tage en ny spirituel bevidsthed og forberedelse ud i verden. The Societys mission kræver mange flere menneskers støtte og deltagelse. Givet alvoren af verdens tilstand, er Kundskab og forberedelse et presserende behov. Af denne grund påkalder The Society overalt mænd og kvinder til at assistere os i at give Det Nye Budskabs gave til verden på dette afgørende vendepunkt i vores historie.

Som en religiøs non-profit organisation, er The Society helt igennem båret oppe af frivillig aktivitet, tiende og bidrag. Det voksende behov for at nå og for at forberede folk rundt om i verden overstiger imidlertid The Societys evne til at opfylde sin mission. Du kan blive del af denne store mission gennem dit bidrag. Del de Allieredes budskab med andre. Hjælp med at løfte bevidstheden om det faktum, at vi er ét folk og én verden, der dukker op på en større arena af intelligent liv. Bliv elev af Kundskabens Vej. Og hvis du er i en position til at være godgører af dette store fortagende, eller hvis du kender nogen, der er, venligst kontakt The Society. Der er nu behov for dit bidrag for at udbrede de Allieredes afgørende budskab globalt og hjælpe med at vende tidevandet for menneskeheden.

◆

"Du står på tærsklen til at tage imod
noget af den største størrelsesorden,
noget, der er brug for i verden –
noget, der overføres
til verden og oversættes til
verden.

Du er blandt de første,
der vil tage imod dette.

Tag vel imod det."

GREATER COMMUNITY SPIRITUALITY

*THE SOCIETY FOR THE GREATER COMMUNITY
WAY OF KNOWLEDGE*

P.O. Box 1724 • Boulder, CO 80306-1724
(303) 938-8401, fax (303) 938-1214
society@newmessage.org
www.alliesofhumanity.org   www.newmessage.org

OM OVERSÆTTELSESFORLØBET

Budbringeren, Marshall Vian Summers, har taget imod et Nyt Budskab fra Gud siden 1983. Det Nye Budskab fra Gud er den største Åbenbaring nogensinde givet til menneskeheden, nu givet til en boglig verden, med global kommunikation og voksende global bevidsthed. Den gives ikke til én stamme, én nation eller én religion alene, men i stedet for at nå hele verden. Dette har påkaldt oversættelser til så mange sprog som muligt.

Åbenbaringsforløbet afsløres nu for første gang i historien. Under dette bemærkelsesværdige forløb, kommunikerer Guds Nærvær uden ord til Den Englelige Forsamling, der tilser verden. Forsamlingen oversætter så kommunikationen til menneskeligt sprog og taler, alle som én, gennem deres Budbringer, hvis stemme bliver udtryksmidlet for denne større Stemme – Åbenbaringens Stemme. Ordene udtales på engelsk og optages direkte i lydform, bliver derefter transskriberet og gjort tilgængelige i Det Nye Budskabs tekst og lydoptagelser. På denne måde bevares renheden i Guds oprindelige Budskab og kan gives til alle mennesker.

Men, der er også et oversættelsesforløb. Da den oprindelige Åbenbaring blev givet på det engelske sprog, er dette sprog basis for alle oversættelser til menneskehedens mange sprog. Da der tales mange sprog i vores verden, er oversættelser af afgørende betydning, for at tage Det Nye Budskab ud til mennesker overalt. Det Nye

Budskabs studerende er med tiden kommet frem for frivilligt at oversætte Budskabet til deres modersmål.

På dette tidspunkt i historien har The Society ikke råd til at betale for oversættelser til så mange sprog og for så stort et Budskab, et Budskab, der med presserende uopsættelighed bliver nødt til at nå verden. Derudover er The Society også overbevist om, at det er vigtigt for vore oversættere at være elever af Det Nye Budskab, for at forstå og for at opleve, så vidt muligt, essensen af, hvad der oversættes.

Givet uopsætteligheden og behovet for at dele Det Nye Budskab med folk over hele verden, byder vi yderligere oversættelsesassistance velkommen for at nå endnu flere og få mere af Åbenbaringen oversat til sprog, hvor oversættelser allerede er begyndt, samt at introducere nye sprog. Med tiden søger vi også at forbedre kvaliteten af disse oversættelser. Der er endnu så meget at gøre.

Det Nye Budskab fra Guds Bøger

Gud Har Talt Igen

Den Ene Gud

Den Nye Budbringer

Det Større Fællesskab

Større Fællesskabs Spiritualitet

Trin til Kundskab

Relationer & Højere Formål

At Leve Kundskabens Vej

Livet i Universet

De Store Bølger af Forandring

Visdom fra Det Større Fællesskab I & II

Himlens Hemmeligheder

Menneskehedens Allierede Bog Et, To & Tre

www.ingramcontent.com/pod-product-compliance
Lightning Source LLC
Chambersburg PA
CBHW022021090426
42739CB00006BA/233